政府投资基本建设项目绩效评价理论与实践丛书

政府投资基本建设项目绩效目标体系分析

柯洪　袁倩倩　等著

南開大學出版社

天　津

图书在版编目(CIP)数据

政府投资基本建设项目绩效目标体系分析 / 柯洪等著. —天津：南开大学出版社，2021.1
(政府投资基本建设项目绩效评价理论与实践丛书)
ISBN 978-7-310-06066-5

Ⅰ. ①政… Ⅱ. ①柯… Ⅲ. ①政府投资－基本建设投资－项目评价－研究 Ⅳ. ①F283

中国版本图书馆 CIP 数据核字(2021)第 002470 号

政府投资基本建设项目绩效目标体系分析
ZHENGFU TOUZI JIBEN JIANSHE XIANGMU JIXIAO MUBIAO TIXI FENXI

南开大学出版社出版发行
出版人:陈 敬
地址:天津市南开区卫津路 94 号 邮政编码:300071
营销部电话:(022)23508339 营销部传真:(022)23508542
http://www.nkup.com.cn

北京明恒达印务有限公司印刷 全国各地新华书店经销
2021 年 1 月第 1 版 2021 年 1 月第 1 次印刷
260×185 毫米 16 开本 6.25 印张 2 插页 121 千字
定价:30.00 元

如遇图书印装质量问题,请与本社营销部联系调换,电话:(022)23508339

总　序

随着政府投资基本建设项目投入规模不断增大，各级财政部门也认识到建立政府投资基本建设项目绩效评价体系的及时性和必要性，以便为开展财政支出绩效评价提供良好的外部环境和政策契机。自2005年以来，全国绝大多数财政部门根据财政部要求，建立了绩效评价管理制度和办法，并随着新形势、新要求和新发展不断补充和完善。《预算绩效评价共性指标体系框架》（财预〔2013〕53号）和《中央部门预算绩效目标管理办法》（财预〔2015〕88号）的发布实施意味着政府投资项目合理绩效目标的制定和绩效评价的有效开展已经引起了国家的高度重视。但在工作实践中政府投资项目绩效评价尚存在一些问题：

（1）指标体系的设计虽然进行了层次划分，但尚不够具体和详细，且经常出现指标体系层级划分上有平面性、单一性的问题，同时在指标设计中往往大量出现定性化评价指标，导致评价指标缺乏可评价性。

（2）缺乏对不同专业项目进行绩效评价的个性化指标。由于政府投资的基本建设项目分布在各个不同的行业中，因此仅仅建立共性评价指标体系远远不能满足绩效评价的针对性和有效性的需求。

（3）政府投资项目绩效评价结果的使用性不足，无法为政府投资基本建设项目立项决策时制定合理、有效的绩效目标体系提供指导性依据。

（4）有时政府主管部门需要对建设项目的成效情况进行快速判断，而目前的政府投资项目绩效评价工作通常耗时较长，难以满足这些需求。

因此，本系列丛书针对上述政府投资项目绩效评价工作实践中存在的现实问题，进行深入详尽的探讨，并结合十余年来主持的各类政府投资项目绩效评价工作的实际案例和数据进行分析，给出相应的解决方案。本系列丛书主要包括三部分：第一部分是根据政府投资基本建设项目的特点，在《预算绩效评价共性指标体系框架》（财预〔2013〕53号）基础上，进行政府投资基本建设项目绩效评价指标体系分析；第二部分是通过对绩效精准评价进行分析和对比情况下开发的新型绩效评价方式——概略评价，是对政府投资基本建设项目绩效评价工作的创新和突破；第三部分以绩效评价目标为导向，进行政府投资基本建设项目目标体系分析。

本系列丛书在编写过程中参考了很多从事政府投资项目绩效评价的咨询公司提供的大量信息和资料，但是由于编者水平有限，书中难免有不妥之处，敬请读者批评指正。

编者

2017 年 5 月

目　录

第一章　政府投资基本建设项目绩效目标体系概论

没有比漫无目的地徘徊更令人无法忍受的了。

——荷马①

引文：

爱迪生桥梁工程绩效目标管理

一、工程概况

天津市西青经济开发区爱迪生桥梁工程为主线高架桥（见右图）。跨越的主要障碍物有李港铁路、津淄公路、津港运河。施工内容包括桥梁工程、道路工程。

1. 桥梁工程基本情况

桥梁总面积为22950平方米，包括1条主线高架桥，其中有灌注桩200棵，承台46座，桥台4座，墩柱84个，盖梁42片，预制箱梁220片。

2. 道路工程基本情况

道路施工为桥梁引路的施工，施工范围为K0+666.111—K0+787.87和K1+464.149—K1+650.628，桥梁西侧引路长121.76米，桥梁东侧引路长186.479米，引路全宽37.5米，道路总面积为9685.75平方米。

① 荷马（约前9世纪—前8世纪），古希腊盲诗人。相传记述公元前12—前11世纪特洛伊战争及有关海上冒险故事的古希腊长篇叙事代表作史诗《伊利亚特》和《奥德赛》，即是他根据民间流传的短歌综合编写而成。他的杰作《荷马史诗》在很长时间里影响了西方的宗教、文化和伦理观，“荷马时代”也因其而得名。

本工程工期为205天，从2009年5月10日—2009年11月30日。项目管理目标责任制在本工程中的实施从2009年4月15日正式开始进行，贯穿整个施工管理过程，一直延续到工程完工。

二、工程重点、难点分析

为确保施工中各个关键环节的目标责任得到全面贯彻落实，施工伊始就从组织与协调、技术质量、安全生产、文明施工、成本控制等方面明确了工程重点和难点，为开展项目管理提供了依据。具体表现在以下几个方面：在组织管理方面，此工程规模较大、配合单位多、涉及专业多；在施工质量方面，此工程存在箱梁两次浇筑高度不易控制、挑檐处易漏浆，箱梁底板预应力张拉困难等质量问题；在安全生产方面，此工程存在作业面积大、地下障碍物多、跨铁路和运河建设等不利因素；在环保施工方面，施工现场位于城郊，交通流量虽不是很大，但周边其他工程车辆出入频繁等，存在对文明施工的影响因素。考虑到此项目的上述重难点，因此对此工程实行目标管理是必要的。

三、目标设定及签订目标责任书

总目标：达到国家施工验收规范合格标准，争创“海河杯”。

分目标：实现总工期按合同工期交工；成本控制目标8700万元；工程一次性验收合格率100%，实体质量内坚外美；安全生产实现无事故，一般工伤频率控制在1.5‰以内；争创市级文明工地；积极采用新技术、新工艺，低成本、促安全、保进度；完善项目管理目标责任制，力争形成项目目标管理标准化。

四、管理措施实施

公司在各方面的积极参与下，吸取以往工程管理的教训，总结管理经验，针对本工程特点从进度、成本、质量、安全、环保等方面制定了一系列管理措施，并在工程管理过程中定期组织检查小组到施工现场，解释管理办法，强化措施实施。

五、目标管理效果检查与评价

爱迪生桥梁工程在安全生产时实现了无重大伤亡事故，无死亡事故，一般工伤频率为1.3‰，文明施工超额完成了预期目标，被评为天津市市级文明施工工地和天津市质量安全标准化观摩工地。在工程管理过程中，项目经理采用了目标管理的方法，有效控制了成本，层层化解了各种施工风险，优异地完成了项目各项管理目标。

爱迪生桥梁工程项目在管理中运用了目标责任的方法，将目标层层分解，贯彻落实到施工中的每个环节，为整个项目管理的过程指明了方向，使得此工程取得巨大成功。因此，无论做什么事情，在开始之前，确定目标和方向都是至关重要的。所以在对政府投资建设项目进行绩效评价时，绩效目标的确定也是非常必要的。

资料来源：贾帆．项目管理目标责任制在国有市政施工企业中的应用研究［D］．天津：天津大学，2011.

政府投资基本建设项目资金支出是政府财政资金支出重要组成部分，为充分发挥有限财政资金的效益，有效控制财政支出，需要构建科学合理的绩效目标体系。目前的绩效评价指标体系解决了绩效评价工作中缺乏依据和标准的问题，但由于缺乏可参照的绩效目标，无法判断目标的完成程度，使得绩效评价工作具有明显的滞后性，因此，建立并完善政府投资基本建设项目绩效目标体系有助于弥补现阶段绩效评价工作“重事后评价轻事前控制”的缺陷，提高项目资源配置效率。

本章结构如图1－0所示：

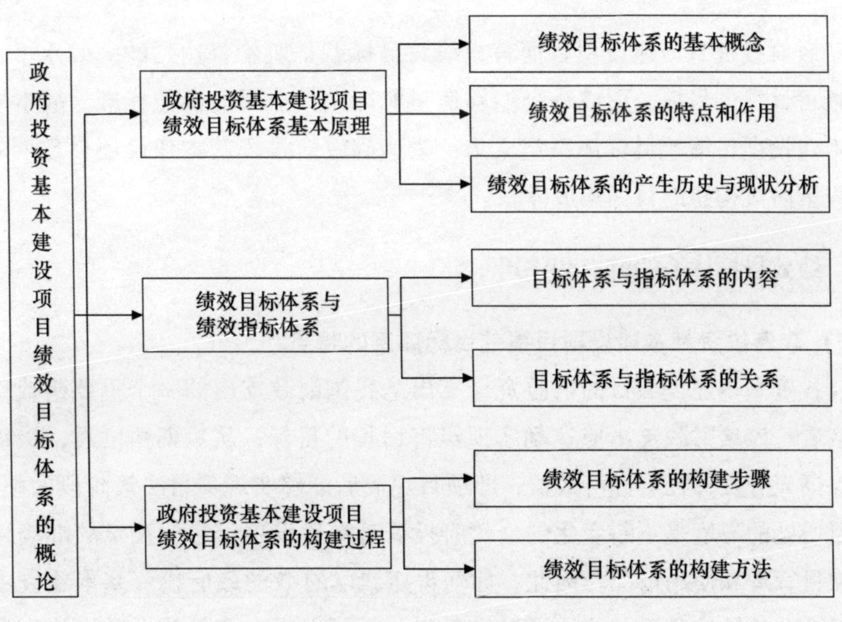

图1－0　本章结构

第一节 政府投资基本建设项目绩效目标体系的基本原理

一 政府投资基本建设项目绩效目标体系的基本概念

政府投资基本建设项目定义为：由政府部门作为投资决策的主体，利用政府财政资金，按照相关规定要求进行投资决策和管理的项目。政府投资基本建设项目一般是公益性和基础性项目，[①] 目前相关学者一般将政府投资基本建设项目划分为以下几类：[②]（1）城市发展类基础设施项目，包括铁路、公路、水库、发电站等基础设施；（2）政权运营类基础设施项目，包括行政机关的用房、法院、检察院、监狱等；（3）公共福利类基础设施项目，包括医院、学校、公共体育设施、养老院等；（4）配套服务类基础设施项目，如道路设施、城市绿化、景观工程等。

目标是个人、部门或整个组织所期望的成果。绩效目标（常被称为目的和责任）是指给评估者和被评估者提供所需要的评价标准，以便客观地讨论、监督、衡量绩效。因为员工的绩效目标是有效绩效管理的基础，绩效标准明确了员工的工作要求，也就是说对于绩效内容界定的事情，员工应当怎样来做或者做到什么样的程度。绩效标准的确定，有助于保证绩效考核的公正性，否则就无法确定员工的绩效到底是好还是不好。

对于政府投资基本建设项目而言，绩效目标就是所希望达到的绩效水平，表现为一个清晰可计量的目标，形成一个能够衡量实际绩效成果的参照标准。故本书把政府投资基本建设项目绩效目标体系定义为：为达到政府投资基本建设项目预期效果，在项目的决策阶段构建的目标集成体系。

二 绩效目标体系的特点和作用

（一）政府投资基本建设项目绩效目标体系的特点

政府投资基本建设项目的财政资金支出是我国财政支出的一个重要组成部分。从长远角度看，该项财政支出应达到实现经济增长的目标；从短期角度看，该项目财政支出应保证充分发挥社会经济效益，即项目建成后能够实现项目决策阶段的绩效目标。由于项目所处的环境是不断变化的，政府投资基本建设项目目标设定的准确性将会直接影响项目管理和使用情况。因此，如何设定科学有效的政府投资基本建设项目目标逐渐引起社会各界的广泛关注。通过进一步分析可以得知，相关学者均认为目标体系

---

① 殷晓斌．政府投资基本建设项目利益相关者分类管理研究［D］．北京：中国科学院大学，2013.

② 尹贻林，郝建新．政府投资项目管理模式研究［M］．天津：南开大学出版社，2002.

具有层次性、整体性、动态性和均衡性，这也是在建立政府投资基本建设项目目标体系时应重点解决的问题。

1. 层次性

政府投资基本建设项目并不是在项目建设完成后才设定项目的目标体系，相反，在项目决策阶段便应设立科学合理的项目目标并用于指导与项目有关的后续工作。目标体系的建立首先应重视层次性，工程项目的目标系统至少需要3个以上层次进行描述。相关学者针对不同项目对目标体系进行划分，目前已建立的目标体系大致分为三个层次，分别为总目标、子目标和可执行性目标。①② 总目标是项目最高层次的目标，主要阐述绩效评价项目的目的、意义，指导项目实施全过程；子目标是对项目战略目标进行进一步的分解，主要是为满足利益相关者需求或者项目功能需求；可执行性目标是目标体系的基本组成要素，其能够对项目成果进行定量化和直观化的描述，具有较强的可操作性和描述性，项目目标体系建立的最终目的是为确立和完善可执行性目标。

2. 整体性

项目各层目标因素汇总后应能完整反映出项目上层系统对项目的实质性要求，因此项目目标体系具有整体性。项目目标体系的整体性实质是强调项目整体目标和各子目标之间的关系。目标系统的战略目标、阶段性目标和实质性目标之间并不是简单的累计加和汇总的关系，而是整体与部分的层层递进深化关系，主要表现在：一是从量的角度看，目标系统上一层次的目标并不等于其组成目标的加和；二是从质的角度看，实质性目标、阶段性目标服务于战略性目标，而战略目标具有不同于其组成部分的新功能。总之，政府投资基本建设项目绩效目标体系的整体评价功效应该大于各部门评价效果之和。

3. 动态性

项目目标系统的建立具有动态性，它是在项目立项、可行性研究、设计等各个环节逐步建立完善，并发展成为一个全面的目标体系。此外，由于环境的变化，项目的要求亦会同样发生变化，各层次目标亦会随之产生变化。

4. 均衡性

项目目标系统是一个均衡稳定的体系，不同层次之间的目标和同一层次不同类型的目标之间应该相互协调，不能以牺牲某些目标为前提而达到实现某一个或某几个目标的目的。因此，为避免项目目标体系存在缺陷，在建立项目目标体系时必须均衡考虑各目标之间的相关性，均衡各个目标之间的关系。

---

① 陈光，成虎．建设项目全寿命期目标体系研究［J］．土木工程学报，2004，37（10）：87—91.

② 余清芝．铁路工程项目目标体系构建研究［D］．长沙：中南大学，2013.

（二）政府投资基本建设项目绩效目标体系的作用

建设工程项目具有开始和结束时间，是在既定的限制条件（时间、金钱、资源）内完成特定的任务而进行的一次性活动，评判其是否成功的标准就是看其能否在所限定的条件范围内实现项目既定的目标。① 因此，建设工程项目管理普遍采用目标管理的方式，其核心是目标控制。建设工程项目目标贯穿于建设项目的各个阶段，是项目决策和计划的重要依据。建立健全项目目标体系是实现目标管理的第一个步骤也是最为关键的步骤。政府投资基本建设项目目标体系不仅能够体现建设项目全寿命周期各阶段的发展要求，而且应该满足项目各参与方的利益。

1. 政府投资基本建设项目绩效目标体系构建是项目绩效管理的依据

政府投资基本建设项目决策阶段不仅要对项目建设的可行性和必要性进行相关论证，而且应该初步制定项目建成时预期达到的绩效目标结果。在项目决策阶段，项目负责人应该依据工程实际情况和实地调查结果，综合考虑项目各参与方的利益要求，对项目影响因素进行详细系统的分析，制定出在项目全寿命周期内所要实现的绩效目标体系，以便为项目后期绩效评价工作的顺利展开提供指引和依据。

2. 政府投资基本建设项目绩效目标体系对项目绩效管理工作具有决定性作用

通过查阅相关文献和访问资深专家可知，政府投资基本建设项目绩效目标一方面对项目绩效工作具有指导作用，有助于绩效管理方法的提升；另一方面对后期项目建设具有激励作用，有利于提高项目绩效水平。建设项目相关负责人可依据既定的项目绩效目标开展项目绩效管理工作，并依据建设项目实际情况适时调整绩效目标。

3. 政府投资基本建设项目绩效目标体系是衡量项目成功的重要参考依据

政府投资基本建设项目绩效目标不仅是项目绩效管理和绩效考核的依据，同样也是评价项目成功与否的重要参考标准。目前的政府投资基本建设项目绩效评价体系中存在的较大问题是只有项目建成之后的绩效评价指标体系，而缺少项目前期的参考评价标准，使得项目建设效果缺乏可对比性。其根本原因是项目决策阶段未制定科学合理的项目绩效目标。解决该问题的关键就是依据政府投资基本建设项目的具体特征和已建成的绩效评价指标体系，采取科学有效的方式方法制定政府投资基本建设项目绩效目标体系。

三　政府投资基本建设项目绩效目标体系的产生历史与现状分析

（一）政府投资基本建设项目绩效目标体系的产生历史

政府投资基本建设项目资金支出作为政府财政资金支出重要组成部分，已经成为国家实现其经济职能的重要手段之一，同时也是国家进行宏观调控的重要措施。为充

① 骆亚卓，李晓东，梁凡．工程项目情境下的目标管理［J］．低温建筑技术，2003（2）：94—96.

分发挥有限财政资金的效益，我国正在建立并完善公共财政支出框架，财政绩效管理改革的重点已逐步转移到以支出管理改革为中心的新阶段。近年来相关学者对政府投资基本建设项目绩效评价工作进行积极探索，研究主要集中在事后绩效评价方面，包括筛选共性和个性绩效评价指标、设置指标权重、制定绩效评价标准和方法等方面。虽然现有的绩效评价指标体系，基本解决了绩效评价缺乏依据和标准的问题，但是由于缺乏可参照的绩效目标，使得现阶段绩效评价工作具有明显的滞后性，主要表现在以下三个方面：一是项目绩效评价比较困难；二是建设过程中出现的问题可能在事后的绩效评价时才被发现；三是绩效评价结果利用不足，反复出现同类型失误。由此可知，仅对政府投资基本建设项目建设结果进行绩效评价并不是政府投资基本建设项目绩效评价的根本目的，而是应该参照既定的绩效目标，通过对比和分析绩效评价指标和绩效目标之间的关系，判断目标的完成程度。目前关于政府投资基本建设项目绩效目标体系的书籍和文献比较少，而且也只是对国外绩效目标制定的方式方法、个性绩效目标的制定、绩效目标体系的构建途径及层次模型等进行研究探讨，对于如何筛选合适的政府投资基本建设项目绩效目标和制定绩效考核标准并未展开深入讨论。因此，构建政府投资基本建设项目绩效目标体系是解决现阶段绩效评价工作滞后问题的关键，也是各级财政部门亟待解决的重要问题。

政府投资基本建设项目绩效评价工作的根本是通过衡量绩效评价指标和绩效目标之间的差异性，考核项目的实施效果。[①] 随着政府投资基本建设项目建设规模的扩大和投入资金的增多，各级财政部门逐步认识到以绩效目标为依据的绩效评价机制的重要性，积极推进绩效目标与绩效评价的结合。自 2011 年起各省市围绕绩效目标和绩效考核标准制定陆续出台了一系列的政策性指导文件，旨在为政府投资基本建设项目绩效评价工作提供参考依据，如图 1－1 所示。

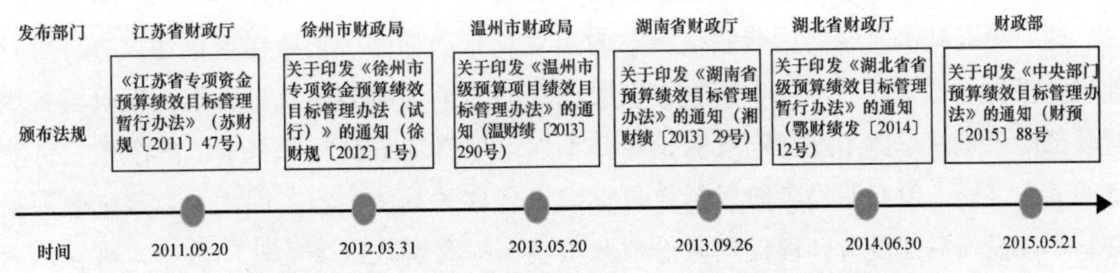

图 1－1　我国政府投资基本建设项目绩效目标体系相关政策性文件的颁布过程

（二）政府投资基本建设项目绩效目标体系的现状分析

现有的政府投资基本建设项目绩效评价指标体系虽然已经能够很好地在事后对项

① 魏四新，郭立宏．目标设置在地方政府绩效管理中的功能研究［J］．统计与决策，2012（16）：60—63.

目进行精确的评价，但是在构建政府投资基本建设项目绩效目标体系上仍然存在不少问题，主要表现在以下五个方面：

1. 政府投资基本建设项目绩效评价功能尚不完善

目前的政府投资基本建设项目绩效评价指标体系只能对已建成的项目进行优良合格的评价，起到事后控制的作用，但是并不能说明项目建成结果与前期决策阶段期望结果的匹配程度。由于缺乏可参照的绩效目标，使得现阶段绩效评价工作具有明显的滞后性。因此，本书以现有的政府投资基本建设项目绩效评价指标体系为基础，通过查阅相关资料和访谈专业人士，制定科学合理的政府投资基本建设项目绩效目标体系，并且保证评价目标的可操作性。

2. 政府投资基本建设项目绩效目标的制定方法尚不合理

根据国内现有的资金绩效目标管理办法可以得知，虽然我国各级财政部门已初步开始重视财政预算的绩效评价目标的构建，但是在政府投资基本建设项目绩效目标的设置上随意性较强，缺乏有效的指导方法，导致目标设置不合理，影响项目建设过程中的绩效管理工作，从而直接导致后期绩效评价工作效率降低。

3. 政府投资基本建设项目绩效目标的衡量内容尚不全面

政府投资基本建设项目绩效目标的设定普遍存在偏经济化倾向，忽视政府投资基本建设项目的社会效益等问题。政府投资基本建设项目主要是利用政府财政资金，构建满足于社会公众需求的基本建设项目，项目预期获得的社会效益应大于其经济效益。目前地方政府在设置政府投资基本建设项目绩效评价指标体系时，往往偏重于设置财政收入、经济增长等经济类目标，忽视社会效益、生态环境等目标的设置。因此，政府投资基本建设项目特殊性是制定政府投资基本建设项目绩效目标的重要依据，也是衡量绩效目标合理性的关键因素。

4. 现有的绩效目标与目标制定阶段尚不对应

政府投资基本建设项目绩效目标集的建立具有动态性，它是在项目建议书、可行性研究报告等各个环节中逐步建立并发展成大的一个全面的绩效目标集。现阶段各级财政部门只是从总体角度制定政府投资基本建设项目绩效目标，并未考虑绩效目标制定的动态过程，没有明确各阶段绩效目标应该包含的具体内容。因此，为鼓励政府投资基本建设项目建设者合理使用政府财政资金，提高财政资金的使用效率，需在缜密数据分析基础上按阶段划分绩效目标。

5. 政府投资基本建设项目绩效考核标准尚不明确

根据现有的有关政府投资基本建设项目绩效目标管理的政策性文件可知，虽然我国各级财政部门已经明确界定绩效目标的制定内容，但是对于政府投资基本建设项目绩效目标的考核标准仍存在明显空白，未制定出可以衡量项目是否达到既定绩效目标水平的绩效考核标准，故导致目标的可描述性不强，从而影响绩效目标执行者的积极性。因此，如何制定科学合理的绩效考核标准是本书需要解决的一个关键问题。

综上所述，为构建科学规范的政府投资基本建设项目绩效目标体系，提高绩效评价工作效率和准确性，需重点考虑通过政府投资基本建设项目的社会公益性来筛选出符合要求的绩效目标，在此基础上结合绩效目标制定的实际流程，明确各阶段绩效目标应该具备的内容，并依次制定与各个绩效目标相对应的绩效考核标准，最终形成适用于政府投资基本建设项目的绩效目标体系，从而实现绩效评价从单一的事后评价向事前控制、事后总结转移，达到绩效评价工作的根本目的。

第二节　绩效目标体系与绩效指标体系

一　绩效目标体系与绩效评价指标体系的内容

（一）绩效评价指标体系

政府投资基本建设项目的绩效评价一般分为投入、过程、产出、结果四个阶段，从项目的前期计划开始进行，贯穿于整个项目实施全过程中。政府投资基本建设项目绩效评价是一种以结果为导向面向过程的管理模式，建立政府投资基本建设项目绩效评价体系，有助于实现对财政资金从目前注重资金投入的管理转向注重对支出效果的管理，最大限度地发挥有限投资的使用效益。

绩效评价指标体系主要包括绩效指标和绩效标准两部分，根据绩效指标体系的指标涵盖范围和作用可将其分为绩效精准评价指标体系和绩效概略评价指标体系。其中绩效精准评价体系包含全部需要评价的指标，主要用于专门机构评价，对项目的评价结果较为准确；绩效概略评价体系仅包含具有代表性的评价指标，主要用于企业的自评，对项目评价结果基本准确。概略评价对精准评价具有方向性的指导作用，精准评价可在概略评价的基础上对项目整体或局部进行更深层级的准确分析，两者相辅相成，共同作用于政府投资基本建设项目绩效评价工作。

（二）绩效目标体系

建立绩效目标体系首先应该确定项目的目标，即对项目所要达到的状态进行准确清楚的定位。建设项目目标是确定项目管理方法和手段的基础，即建设项目目标对项目管理具有指导作用，项目目标体系是确保项目实现目标最优化的重要工具。[①] 目标体系归根结底就是各目标要素通过彼此间的逻辑关系组成的集合。

① 陈杰，殷智远，李增欣．大型水利建设项目全寿命周期管理目标体系初探［J］．水利发展研究，2007（6）：21—24.

绩效目标体系主要包括绩效内容和绩效标准两部分,① 其中绩效内容又可划分为绩效项目和绩效指标两方面。绩效目标体系是通过对建设项目总体目标分析，寻找出项目成功实施的关键因素，在此基础上确定项目的关键绩效指标，然后对目标进行层层分解，最终建立起基于项目总体目标的绩效目标体系。此外，绩效目标体系中各层次绩效指标设置数量不宜过多，但应具有显著代表性，且设置的绩效指标应对项目实施者起到一定的激励作用。

二　绩效目标体系与绩效指标体系的关系

政府投资基本建设项目绩效评价主要是通过比较和分析绩效评价指标与绩效目标之间的差异，判断项目的实施效果。目前的政府投资基本建设项目绩效评价指标体系主要是对项目建成后效果进行综合评价，衡量项目的优良程度。与绩效评价指标体系对应的是绩效目标体系，该体系会对后期绩效评价工作起到指导和监督的作用，且会最大程度影响后期绩效工作的展开，是对项目所要达到的理想状态进行准确清楚的定位。虽然建立绩效评价指标体系和绩效目标体系的最终目的都是为提高绩效评价工作效率和减少政府无效财政资金支出，但两者在很多方面还是存在明显不同，具体情况如表 1 - 1 所示。

表 1 - 1　**绩效目标体系和绩效评价指标体系的比较**

比较主体 / 比较内容	绩效目标体系	绩效评价指标体系
时间	项目决策阶段	项目建成以后
目的	设定项目绩效目标	评价项目建设成果
作用	指导、激励	反馈
设计原则	战略性、可测量的、可实现的、挑战性、有时间要求的、一致性、关键的	全面的、客观的、可操作的、科学的、可比的、映射的
制定原则	由上而下，层层分解	初选、筛选、汇总
建立程序	目标制定、目标分解、目标完善	发散阶段、收敛阶段、试验修订阶段
指标（目标）特点	1. 目标数量不宜过多 2. 目标不宜太具体 3. 目标具有动态性	1. 指标数量较多 2. 指标内容较具体
使用方法	1. 建立绩效目标体系 2. 实际完成情况与预先设定目标比较 3. 制定新的目标或新的策略方案	1. 构建绩效评价指标体系 2. 对已完工程进行绩效评价 3. 确定评价结果

① 马超．试论在预算绩效目标管理中如何有效构建绩效指标体系［J］．学术研究，2012（9）：91—95.

由表1－1可知，在项目决策阶段，确定和控制绩效目标；在项目实施阶段，以绩效目标为依据，进行绩效管理工作；在项目完成后，将已完成项目的绩效指标与绩效目标进行比较分析，衡量项目的绩效水平，并及时反馈评价结果。随着绩效评价工作的不断深入，绩效评价指标会越来越精细，指标的数量会逐渐增长，但是由于绩效评价工作的最终目的亦是为考核项目是否实现最初制定的目标，达到既定的绩效水平，基于此，绩效评价指标体系应该与绩效目标体系在整体结构上保持相同或相似，以确保项目绩效评价者在明确建成项目绩效水平的同时了解项目绩效目标的实现情况。由于绩效目标体系是在项目前期制定，是在综合分析项目所处的环境特点对工程项目未来可能达到水平的预测，考虑到项目所处的环境是在不断变化的，所以其所制定的目标值容易产生较大偏差，甚至在项目实施过程中需要重新拟定。而绩效评价指标体系是在项目建成之后，通过对项目真实数据的收集，得到指标数值，具有较高的准确性，能够真实反映项目的实际情况。因此，决策阶段绩效目标的制定不仅需要考虑政府投资基本建设项目特殊背景，而且依赖于后期各阶段绩效评价指标的反馈信息，是后期各阶段绩效评价指标信息的“向前集成”。

目前的政府投资基本建设项目评价指标体系研究项目建成后应如何对项目进行绩效评价，解决了绩效评价缺乏依据和标准的问题，所以本书将以现有的政府投资基本建设项目绩效评价指标体系为参照点，通过分析绩效目标体系和绩效评价体系之间的关系，最终建立合理有效的政府投资基本建设项目绩效目标体系。

第三节　政府投资基本建设项目绩效目标体系的构建过程

一　政府投资基本建设项目绩效目标体系的构建步骤

通过分析政府投资基本建设项目绩效目标体系和绩效评价指标体系之间的关系可知，构建科学合理的政府投资基本建设项目绩效目标体系需要明确三方面的内容：一是了解掌握政府投资基本建设项目的特殊性，明确政府投资基本项目绩效评价工作的目的，并在此基础上选择政府投资基本建设项目初始绩效目标；二是分析已构建的政府投资基本建设项目绩效评价指标体系，熟悉建成后政府投资基本建设项目绩效评价内容，利用评价结果集成得到备选绩效目标体系；三是对绩效目标体系优化研究，确定最终绩效目标体系。因此，本书将综合考虑上述三方面的内容来构建政府投资基本建设项目绩效目标体系，详细过程如图1－2所示。

二　政府投资基本建设项目绩效目标体系的构建方法

由于绩效目标体系的构建是一个连续过程，各项工作间虽有先后之分，但其内部

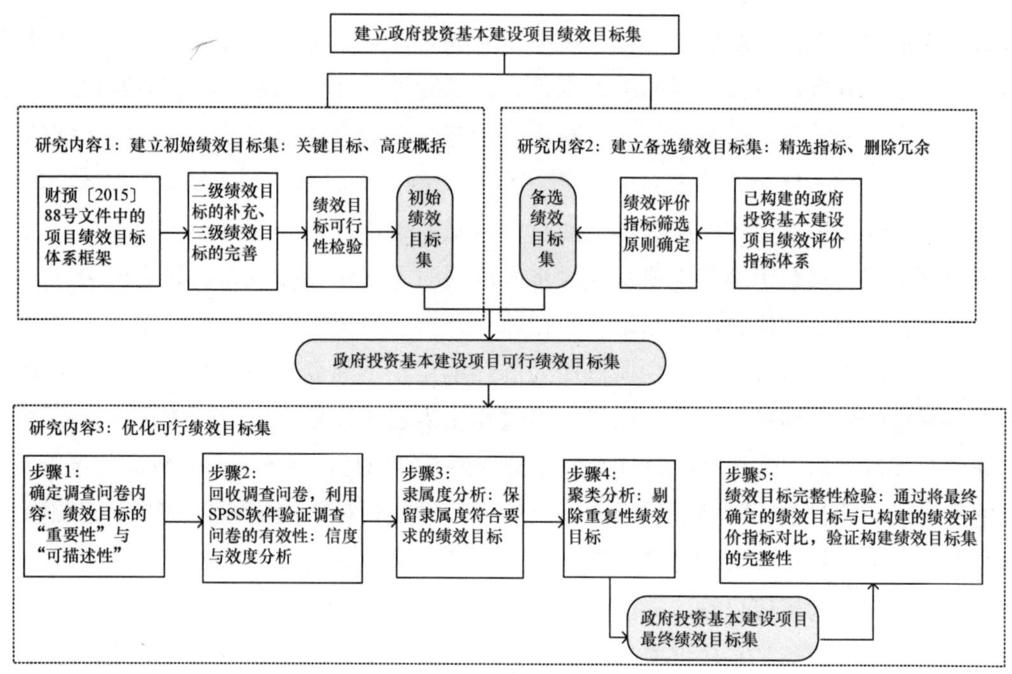

图1－2　绩效目标体系建立步骤

注：图中标灰的指标是指在构建政府投资绩效目标体系中所构建的绩效目标集。

仍存在相互联系，所以同一研究方法会应用于绩效目标体系构建不同阶段。通过进一步分析可知，绩效目标体系构建时常用的方法主要有：文献整理、专家访谈、问卷调查、层次分析、利益相关者、价值管理、全寿命周期、逻辑框架、关键绩效指标等，具体情况如表1－2所示。

表1－2　**常用的目标体系建立方法分析**

方法	基本原理	特点		具体方法	目的
		优点	缺点		
文献整理	整理相关文献中已经出现的指标	操作简单	工作量大，局限性	文献勾选法、文献分析法	熟悉被调研项目已研究成果
专家访谈	整理相关专家的经验判断	操作简单	主观性强	头脑风暴、德尔菲法	了解权威专家前沿思想
问卷调查	通过发放问卷验证和弥补指标	在一定程度上克服主观缺陷	工作量大、信息的真实性不稳定	电话问卷、纸质问卷、电子问卷	了解被试者对某一现象或问题的看法

续表

方法	基本原理	特点		具体方法	目的
		优点	缺点		
层次分析法	将与决策有关的元素分解成目标、准则、方案等层次，在此基础之上进行定性和定量分析的决策方法	系统性、简洁实用、所需数据信息少	指标过多时统计量大且权重难以确定、定性分析多、算法复杂	建立层次结构模型	结果难于直接准确计量
利益相关者	综合均衡各个利益相关者之间的需求而进行的管理活动	整体性、有序性、竞争性与协同性并存、动态平衡性		多维细分法、米切尔评分法	均衡分析不同利益相关者的需求
价值管理	以功能分析为导向，以群体决策为基础，以寻求价值最大化为目标的系统方法	实现项目价值最大化、制定目标依据相关利益者的需求、综合性、动态性		价值规划、价值工程、价值分析	整个项目价值最大化
全寿命周期	在项目决策阶段综合考虑项目寿命全过程的各种可能情况	系统性、集成性、协调性、动态性		—	实现项目全寿命周期最优化管理
逻辑框架法	以目标为导向，用一张直观简明的框架图表示项目的内涵	简明直观、容易理解		—	确定项目目标层次之间的逻辑关系
关键绩效指标	通过对目标对象某一具体过程数据进行采样分析，获取关键性能指标数据	动态性、弹性		平衡计分卡、标杆法、成功关键因子法、策略目标分解法	明确项目主要责任

不同于一般的建设投资项目，政府投资基本建设项目是为了满足社会公众的相关需求，[①] 利用政府财政资金，由政府部门委托相关机构投资建设的项目。政府投资基本建设项目特殊的目的性直接决定了其战略目标的主要内容，其战略目标不仅要实现项目投资人的基本利益需求，同时还要保证实现社会公众需求，满足可持续发展、环境等多方面的要求。政府投资基本建设项目特殊的战略目标决定其在不同阶段需满足特定的阶段性目标，特定的阶段性目标又进一步决定项目的实质性目标。此外，影响政府投资基本建设性项目绩效水平的因素较多，过程相关控制点较烦琐，所以本书综合考虑政府投资基本建设项目的特征及各种目标体系的建立方法，拟采用文献综述法和企业调查法制定政府投资基本建设项目初始绩效目标体系。

① 刘武，孙宇．公共服务顾客满意度测评的结构方程模型方法［J］．科技与管理，2009，11（4）：40—44.

第二章　政府投资基本建设项目可行绩效目标集的建立

如果一个人不知道他要驶向哪头，那么任何风都不是顺风。

——塞涅卡①

引文：

江西省编报2017年度省级预算绩效目标　首次实现项目全覆盖

据报道，2016年9月9日，江西省财政厅为了全面推进预算绩效管理工作，进一步规范省直部门预算绩效目标管理，提高财政资金使用效益，决定开展2017年度省级预算绩效目标管理工作，对省级预算的使用进行目标管理和绩效评价（见右图）。从今年起，省直部门绩效目标管理不仅实现了单位全覆盖，而且实现了项目全覆盖。

据悉，预算绩效目标管理对象为省直各部门及其所属单位2017年度省级财政部门预算安排的项目资金及专项资金。部门整体支出绩效目标管理对象为所有省级主管部门。省财政厅要求，各预算单位预算编制完成后，主管部门应组织工作人员或委托具有相关资质的第三方对所属单位的预算绩效目标进行审核。省财政厅将组织评审组对项目设置的必要性、实施计划的可行性、绩效目标的合理性、绩效指标的明确性、绩效指标值与预算申请的匹配性等方面进行评审。

① 安涅·塞涅卡（前3—公元65）是古罗马政治家、哲学家、悲剧作家、雄辩家、新斯多葛主义（主张对神意与不可避免的命运无条件地屈从）的代表。他一生漫游各地，勤于思考，经过几度仕途上的大起大落，因此见多识广，深谙世事，能于平常的生活小事中挖掘出深邃的思想。他兴趣广泛，才能突出，并且著作颇丰，计有11部戏剧、14部问答体作品、一部书信集以及一些讨论自然科学的著作。

省级部门预算项目实行分级管理，分为一级项目和二级项目两个层次。一级项目明细到支出功能分类的款级科目。一级项目要有明确的名称、实施内容、支出范围和总体绩效目标，项目数量要严格控制，项目名称、实施内容和支出范围等在年度间要保持相对稳定。一级项目由省直主管部门汇总报省财政厅审核。

二级项目包括在现有基础上规范整合而成的项目和新设立的项目，立项单位为项目实施主体。二级项目的设立，要与对应的一级项目相匹配，有充分的立项依据、具体的支出内容、明确合理的绩效目标。200 万元（含 200 万元）以上的二级项目与绩效目标须经省财政厅评审通过后，方可编入部门预算，200 万元以下的，由省直主管部门组织评审。

省财政厅有关负责人表示，凡纳入预算绩效目标管理的项目，都应严格按照确定的绩效目标实施，将绩效目标作为预算执行、绩效监控、绩效评价、绩效问责的重要依据。

由此报道可知，在对政府投资基本建设项目进行评价时，需要建立完整可行的绩效目标集，这就需要在《中央部门预算绩效目标管理办法》（财预〔2015〕88 号）的基础上进行二级目标的完善，以及三级目标的开发，来实现用精细化和可描述性绩效目标来指导政府投资基本建设项目绩效工作的目的。

资料来源：2017 年度省级预算绩效目标．江西：江西财政，2016.

建立科学规范的绩效目标集必须按照系统方法有步骤分阶段地进行绩效目标的制定。[①] 首先应该明确最高层绩效目标，然后从上而下分解绩效目标，最终确定项目可执行目标，用以考核项目绩效目标实现情况。2015 年 5 月 21 日，为了全面推进预算绩效管理工作，进一步规范中央部门预算绩效目标管理，提高财政资金使用效益，财政部下发了《中央部门预算绩效目标管理办法》，简称为财预〔2015〕88 号文。本书就是以《中央部门预算绩效目标管理办法》为基础进行完善与开发，获得政府投资项目初始绩效目标集。本章结构如图 2 - 0 所示：

① 杜翠艳．平衡计分卡应用于战略型绩效目标体系建立［J］．科技与企业，2012（22）：80—81.

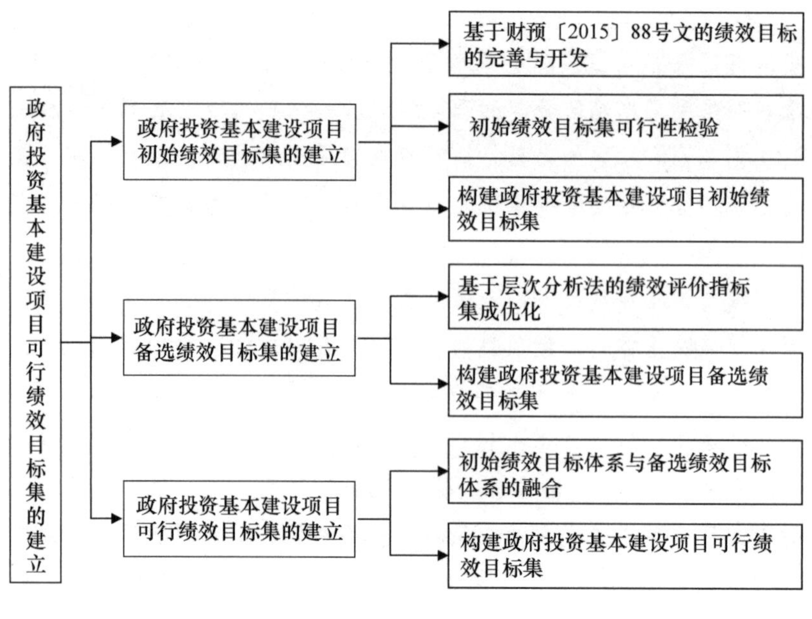

图2－0　本章结构

第一节　政府投资基本建设项目初始绩效目标集的建立

一　基于财预〔2015〕88号文的绩效目标的完善与开发

（一）初始绩效目标集的完善与开发原则

科学合理的绩效目标不仅能够有效激励被评价者，而且有助于提高项目的绩效水平，为今后工作积累宝贵经验。现有的研究表明，设置绩效目标能够通过对被评价者心理产生影响，从而对项目绩效水平产生影响。因此要提高绩效评价效率，绩效目标必须对被评价者起到约束和激励的双重效果，否则被评价者是不会对其不认可或者难以实现的绩效目标付出实际努力的。故本书通过查阅相关资料得到构建政府投资基本建设项目初始绩效目标时应该遵从以下原则：

1. 战略性原则

政府投资基本建设项目不同于一般建设项目，其建成后主要的服务对象为社会公众，故政府投资基本建设项目战略性目标与一般建筑项目存在显著不同。绩效目标来源于项目组织战略，且必须服从于项目的组织战略。因此，在制定项目绩效目标时，应该首先明确界定项目的组织战略，依据项目的组织战略逐层分解项目的绩效目标，确保项目绩效目标能够充分体现项目的特点，实现项目的组织战略。

2. 可评价性原则

绩效目标是有效绩效管理的基础，绩效评价工作主要是将绩效指标与绩效目标进行对比，通过衡量绩效指标与绩效目标之间的差异衡量绩效目标是否完成，及完成程度如何。故绩效目标必须具有可描述性和可评价性，所构建的绩效目标体系应具有不易产生争议的评价标准，能够准确评价被评价项目的指标完成情况。

3. 可实现性和挑战性原则

绩效目标的困难程度与被评价者的努力程度成反比例关系：当绩效目标设置成中等难度，被评价者付出最高水平努力；当绩效目标设置成非常容易或非常困难时，被评价者付出最低水平努力。绩效目标本身具有激励作用，能够将被评价者的自我需求转化为提高项目绩效的动力，促使被评价者朝着绩效目标方向努力，并及时调整和修正自己的行为结果。因此构建政府投资基本建设项目绩效目标体系应在保证被评价可实现的同时适度提高项目目标的难度，增加项目绩效目标的挑战性，激发被评价者主动学习的能力，从而提高整个项目的绩效水平。

4. 动态性原则

由于政府投资基本建设项目周期长且涉及较多利益相关者，项目在实施过程中存在的不确定性因素较多，因此项目在各个阶段应该具有不同的绩效目标。政府投资基本建设项目绩效目标体系不仅要反映一定时期内项目绩效的实际情况，而且应跟踪调查项目的实际实施情况，及时发现项日存在的问题，修改完善项目绩效目标。

（二）二级绩效目标的完善

1. 二级绩效目标的完善依据

政府投资基本建设项目二级绩效目标具有一定的策略性，是对政府投资基本建设项目实施过程中要实现的预期目标的具体描述，它用于指导三级绩效目标，同时亦是实现总目标的必要条件，只有完成二级绩效目标才能最终实现项目绩效总目标。政府投资基本建设项目的总绩效目标可描述为中央部门依据项目特点和事业发展需要，设立并通过预算安排的项目支出在一定时间范围内预期达到的产出、效果和满意度，项目二级绩效目标是由项目总绩效目标所决定，并对整个建设项目具有普遍适用性和承上启下的影响。随着政府投资基本建设项目的不断发展，项目绩效目标逐步从以传统的“三大控制目标”（进度、成本、质量）扩展到“七大控制目标”（进度、成本、质量、环境、安全、各方满意程度、可持续发展）①②，甚至更多维度的控制目标。政府投资基本建设项目绩效目标的制定是一个动态变化的过程，本书在综合分析项目所处的特殊环境，明确项目预期达到的功能效应，以及权衡相关利益者之间利益的前提下，客观分析项目内在和外在的需求，将各方面的要求转化为政府投资基本建设项目二级绩效目标。

① 黄智勇．高校大型基建项目目标集成管理研究［D］．长沙：中南大学，2010.
② 冯文．建设工程施工项目管理与目标控制探讨［J］．中华民居，2014（2）：411.

2. 二级绩效目标的完善成果

《中央部门预算绩效目标管理办法》（财预〔2015〕88 号）文件中针对项目绩效目标仅设置了两级绩效目标，其中包括三个一级绩效目标分别为：产出目标、效益目标和满意度目标；九个二级绩效目标分别为：数量目标、质量目标、时效目标、成本目标、社会效益、生态效益、可持续发展、经济效益、服务对象满意度。由于政府投资项目规模大、额度高、范围广，协调环节多，管理方式滞后，所以加强政府项目管理，提高管理效率有利于管好、用好政府投资项目的资金。而且工程项目的安全问题意味着项目建设与将来生产过程中的财产和人身安全，所以在项目建成后，还必须经有关部门检查，取得许可后方可投入使用。故本书在《中央部门预算绩效目标管理办法》（财预〔2015〕88 号）所设定的绩效目标框架的基础上，参照政府投资建设项目的特点以及二级绩效目标完善的相关依据，增加了管理效率和安全两个二级绩效目标，最终得到完善后的政府投资基本建设项目二级绩效目标如图 2－1 所示。

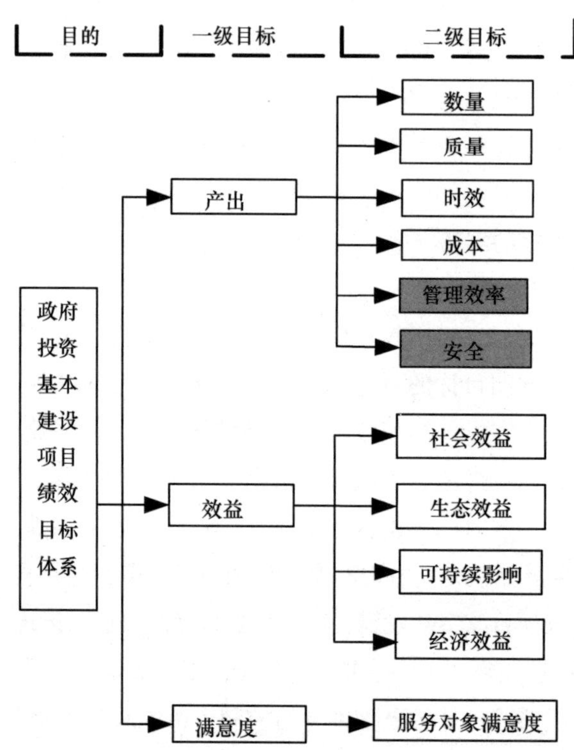

图 2－1　基于《中央部门预算绩效目标管理办法》完善后的二级绩效目标

注：图中标灰的指标是指：与《中央部门预算绩效目标管理办法》（财预〔2015〕88 号）相比，本书新增加的二级绩效目标。

（三）三级绩效目标的开发

1. 三级绩效目标开发依据和过程

目前的政府投资基本建设项目二级绩效目标在一定程度上反映出政府投资基本建设项目的目的，但是由于所设立的绩效目标仅是对项目目的进行客观阐述，目标本身不具有可描述性，无法进行质性和量化分析，同样无法与现在的绩效评价指标体系形成对比，不利于后续绩效评价工作的全面展开；因此，需要对二级绩效目标进行深层次的细化，以实现用精细化和可描述性绩效目标指导政府投资基本建设项目绩效工作。本书为进一步完善《中央部门预算绩效目标管理办法》（财预〔2015〕88 号）的绩效目标，在目前的二级绩效目标基础上，进行三级绩效目标的开发。通过查阅各种相关文件找到与政府投资基本建设项目相关的三级绩效目标，三级绩效目标的具体开发过程详见附表 1。

2. 三级绩效目标开发结果

为了实现政府投资基本建设项目绩效目标的准确性和可描述性，可以将三级目标进行进一步的细化，设定合理有效的可执行目标，通过查阅相关文献并结合相关专家的事件分析，制定的可执行目标如表 2－1 所示。

表 2－1　　政府投资基本建设项目可执行目标分析

<table>
<tr><th>一级目标</th><th>二级目标</th><th>三级目标</th><th>可执行目标</th></tr>
<tr><td rowspan="14">产出目标</td><td rowspan="6">数量目标</td><td rowspan="3">资金投入</td><td>连续现金流</td></tr>
<tr><td>资金投入及时率</td></tr>
<tr><td>资金投入到位率</td></tr>
<tr><td rowspan="3">资源用量</td><td>实际材料投入数量</td></tr>
<tr><td>资源投入及时率</td></tr>
<tr><td>资源投入到位率</td></tr>
<tr><td rowspan="8">质量目标</td><td>设计质量</td><td>设计技术标准达标</td></tr>
<tr><td rowspan="4">施工质量</td><td>材料质量达标</td></tr>
<tr><td>设备质量达标</td></tr>
<tr><td>工程质量达标</td></tr>
<tr><td>施工质量保证体系健全</td></tr>
<tr><td rowspan="3">运营质量</td><td>安全事故发生频率</td></tr>
<tr><td>工程维修频率</td></tr>
<tr><td>工程基本使用功能达标</td></tr>
</table>

续表

一级目标	二级目标	三级目标	可执行目标
产出目标	成本目标	建设成本	材料浪费率
			实际工程量与预计工程量的差异
			人、材、机价格波动
		运营成本	运营管理费用低
			项目维护费用低
		环境成本	项目周围环境影响度
			排污费
			破坏环境修复成本
	管理效率	工程完工准时性	工程完工准时性
		工作流程合规性	工作流程合规性
		人员出勤率	人员出勤率
		资源利用率	资源利用率
	时效目标	工程服务寿命	物理服务寿命期
			经济服务寿命期
		建设期	建设期在规定截止日期内
		投资回收期	投资回收期早于或等于计划
	安全目标	维修或更新改造周期	维修或更新改造周期达标
			安全事故发生率
			安全保证体系健全
		人身安全	人员伤亡率
			安全防护用具到位率
		财产安全	财产损失率
效益目标	社会效益	对地区人民的影响	单位投资就业效果
			居民收入增长系数
		对社会发展的影响	劳动生产率贡献度
	可持续发展	技术可持续发展	高职员工比例
			信息化建设完成率
		环境可持续发展	建筑垃圾处理情况达标
			昼夜防噪声处理达标
			自然资源利用率
		项目自身可持续发展	建设项目成果长期稳定运营
			维修方便、易于更新

续表

一级目标	二级目标	三级目标	可执行目标
效益目标	生态效益	环境目标	环境损失比例
			环保投资比例
			三废排放治理效果
	生态效益	企业经济效益	投资回收期
			投资收益率
			资本金比例
		国家经济效益	效益费用比
满意度目标	服务对象满意度	用户	项目安全性能达标
			产品或服务价格合理
		政府	新增就业率
			社会公众满意程度提高
			地方形象提高
		承包商	工程工期不超过预期
			工程利润额
			企业信誉度提高
		项目周边组织	工程纠纷发生率
			拆迁安置补偿标准达标
			环境破坏率

二　政府投资基本建设项目初始绩效目标集可行性检验

（一）初始绩效目标可行性检验的原则

政府投资基本建设项目绩效目标主要是根据理论和实践经验结合制定的，主要涉及产出—效益—满意度三方面的绩效目标，所需评价的范围较广，评价层次不清晰。所选取的指标未充分考虑目标涵盖性，目标获取的难易程度，目标冗余等问题。鉴于此，本书将对上述政府投资基本建设项目绩效目标与《投资项目可行性研究指南》进行比较分析，进一步筛选完善项目绩效目标，并在此基础上，采用企业调研的方式，对绩效目标可行性进行检验，综合分析各方面绩效信息，均衡各方面绩效目标。调研的方向主要包括以下三个方面：（1）绩效目标的完整程度；（2）绩效目标的重复性；（3）绩效目标资料获取的难易程度。

本书结合现有的政府投资基本建设项目可行性研究报告和项目建议书，在充分考虑项目建设初期可能遇到的各种情况后，制定绩效目标进行可行性检验的原则，具体情况如表 2－2 所示。

表 2-2 绩效目标可行性检验原则

问题	表现方式	原则	具体实例
绩效目标的完整程度	已构建的绩效目标集中未包括某类评价内容	增加目标	"能耗目标""水耗目标"
	已构建的绩效目标集对某类目标评价内容不全面	增加目标或替换目标	"安全保障体系健全"：修改为"安全生产管理制度完善"
	已构建的绩效目标集中存在多余指标	删除目标	"实际材料投入量"目标：删除该目标
绩效目标的重复性	不同阶段的绩效目标的测量内容一致或相似	选择最优目标	"资源利用率"目标：将项目建设所需的各种资源使用效率情况设置在管理效率阶段，评价项目的管理水平
	同一阶段的绩效目标的测量内容具有交叉、包容关系	选择涵盖范围广目标	"工程纠纷发生率"与"企业信誉额提高"
绩效目标资料获取的难易程度	部分定量指标数据获取困难	目标替换	"新增就业率"目标：将"新增就业率"换位"单位投资就业效果"，并将该目标设置在社会效益阶段
	部分定性指标难以描述	目标替换	"地方形象提高"目标：将该目标的评价方式转化为项目好评度

依据表 2-2 中所列出的绩效目标可行性检验的原则，我们可以对初始绩效目标的完整程度、重复性、获取资料的难易程度等内容进行检验筛选，从而构建完善的初始绩效目标集，筛选的具体流程如图 2-2 所示。

（二）初始绩效目标可行性检验的内容

依据图 2-2 中初始绩效目标筛选流程，我们可以对初始绩效目标的内容进行可行性检验，具体检验结果如下。

1. 绩效目标的完整程度

（1）现有的绩效目标集中未包括某类评价内容时，就需要增加绩效目标：

1）为了体现项目技术水平的先进性，在效益—可持续发展—技术可持续发展下，增加可执行目标"劳动生产率"。

2）为了有效利用能源，提高能量利用效率，在效益—生态效益下，增加三级绩效目标"节能目标"。其中可执行目标为"标煤消耗量"，是将单位面积消耗各种能源的实物量进行折算得到的；可执行目标为"单位面积耗水量"。

3）为了达到消防安全标准，在产出—安全下，增加三级绩效目标"消防安全目标"，其可执行目标为"火灾隐患部位的防火等级"，各部分耐火等级应符合《建筑设

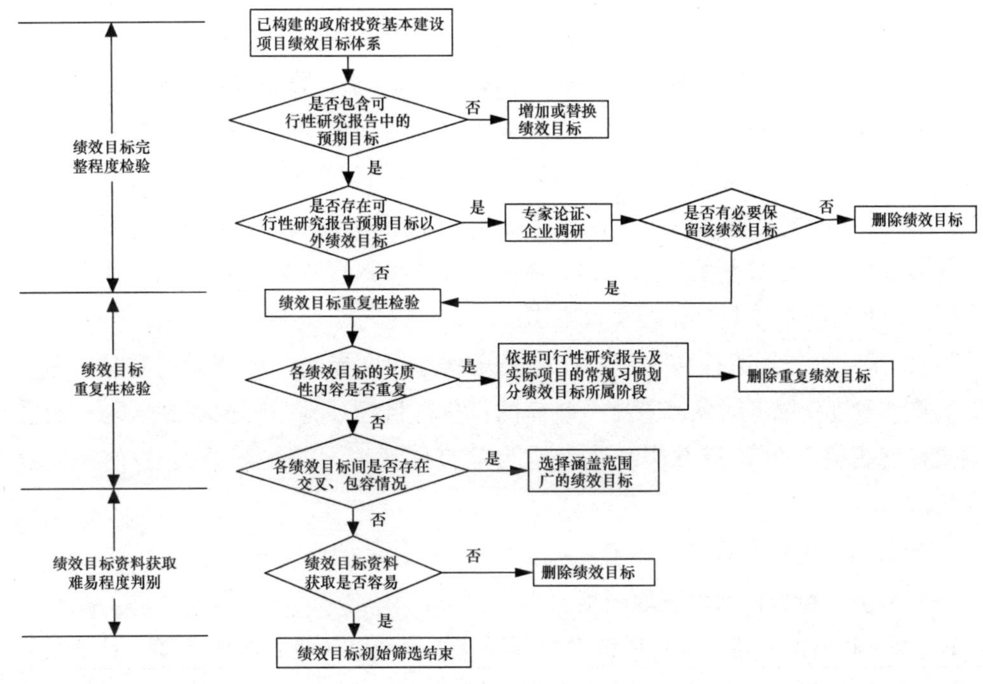

图2－2　初始绩效目标筛选流程

计防火规范》。

(2) 目前的绩效目标集对某类目标评价不全面，需增添或修改可执行目标：

例如将产出—安全—安全生产中的“安全保证体系健全”修改为“安全生产管理制度完善”，包括安全教育制度、安全作业证制度、安全检查制度等，并删除产出—质量—施工质量中的可执行目标“施工质量保证体系健全”。

(3) 现有的绩效目标体系中存在多余指标，需要删减或替换：

1) 删除产出—数量—资源用量下，可执行目标“实际材料投入量”。

2) 删除产出—时效下，三级绩效目标“建设期”与“维修或更新改造周期”。

2. 绩效目标的重复性

(1) 不同阶段的绩效目标的测量内容一致或相似：

1) 由于绩效目标的测量内容相似，故同时删除安全—安全生产中的可执行目标“安全事故发生率”和质量—运营质量的可执行目标“安全事故发生频率”。因为“安全事故发生率”的衡量标准一般分为人员伤亡和财产损失两部分，应分开评价，故保留安全—人员安全的可执行目标“人员伤亡率”和安全—财产安全的可执行目标“财产损失率”。

2) 由于绩效目标的测量内容一致，故保留经济效益—企业经济效益中的可执行目标“投资回收期”，删除时效目标中的投资回收期。

（2）同一阶段的绩效目标的测量内容具有包容关系：

1）由于“企业信誉度提高”目标不宜做出客观评价，将满意度目标—服务对象满意度—承包商的可执行目标“企业信誉度提高”删除；由于“工程纠纷发生率”降低会在一定程度上提高“企业信誉度”，故删除“企业信誉度提高”。

2）由于“环境损失比例”目标不宜做出客观评价，故将效益目标—生态效益—环境目标的可执行目标“环境损失比例”删除，并将可执行目标“环保投入比例”重新归类于产出目标—成本目标—环境成本中。

3）由于“地方形象提高”和“社会公众满意程度提高”的测量内容具有包容关系，故将满意度—服务对象满意度—政府的可执行目标“地方形象提高”与“社会公众满意程度提高”的评价方法统一设定为项目好评度，即好评总人数/使用者总人数×100%。

3. 绩效目标资料获取难易程度

（1）部分定量目标数据获取困难：

1）由于政府投资建设项目所带来的新增就业率难以计算，故将效益—社会效益—对地区人民的影响的可执行目标“新增就业率”换为“单位投资就业效果”，并将该目标设置在社会效益阶段。

2）由于未来物价变化水平不易精确测量，误差范围较大，且政府投资基本建设项目建设周期一般较长，故删除产出—成本目标—人、材、机价格波动三级目标。

（2）部分定性目标难以描述：

1）为了体现项目在财务可持续能力，故将效益—可持续发展—项目自身可持续发展的可执行目标“建设项目成果长期稳定运营”替换为“现金流量比率”和“现金利息备付率”。

2）由于维修或更新改造周期难以描述，故删除产出—时效目标—维修或更新改造周期三级目标。

三 构建政府投资基本建设项目初始绩效目标集

通过筛选得到政府投资基本建设项目初始绩效目标，建立包括17个产出目标，9个效益目标，4个满意度目标（均为三级目标），量化替代后得到29个产出目标，18个效益目标，6个满意度目标（均为可执行目标），如表2-3所示。

表2-3　**政府投资基本建设项目初始绩效目标**

一级目标	二级目标	三级目标	可执行目标	目标说明
产出目标	数量目标	资金投入	连续现金流	累计盈余资金>0
			资金投入及时率	及时到位财政资金/应到位财政资金×100%
			资金投入到位率	财政资金实际到位总额/财政资金计划投入总额×100%
		资源用量	资源投入及时率	及时到位资源/应到位资源×100%
			资源投入到位率	资源实际到位数量/计划投入资源数量×100%
	质量目标	设计质量	设计技术标准达标	是否符合设计技术质量标准的要求
		施工质量	材料质量达标	是否符合材料质量标准的要求
			设备质量达标	是否符合设备质量标准的要求
			工程质量达标	是否符合工程质量标准的要求
		运营质量	工程年维修次数	工程维修次数/工程使用年限
			工程基本使用功能达标	工程是否已经达到基本使用工程
	成本目标	建设成本	材料浪费率	浪费材料的成本/材料总成本×100%
		运营成本	月运营管理费率	月运营管理费用/建筑面积×100%
			年维护费率	年维护费用/建设成本×100%
		环境成本	单位面积破坏环境修复成本	环境修复成本/项目总面积×100%
			单位面积排污收费率	项目排放污染物收取费用/项目总面积×100%
	时效目标	工程服务寿命	物理服务寿命期	工程是否在设计寿命内完成既定服务
			经济服务寿命期	维修价值/重建价值<1
		安全生产	安全设施齐全	安全设备是否齐全
			安全生产管理制度完善	安全教育制度、安全作业证制度、安全检查制度等均完善
	安全目标	财产安全	财产损失率	损失财产金额/总金额×100%
		人身安全	人员伤亡率	伤亡人员数量/职工总人数×100%
			安全防护用具到位率	已到位安全防护用具数量/应到位安全防护用具数量×100%
效益目标	社会效益	对地区人民发展的影响	单位投资就业效果	新增总就业人数/项目总投资数值越大越好
			拆迁投诉率	拆迁投诉案件数量/总投诉案件数量
		对社会发展的影响	劳动生产率贡献度	[（有公共项目时的劳动生产率-无公共项目时的劳动生产率）/有公共项目时的劳动生产率]×100%

续表

一级目标	二级目标	三级目标	可执行目标	目标说明
效益目标	生态效益	环境目标	绿化率	绿化植物垂直投影面积/项目建设用地总面积×100%
			废气排放达标率	废气排放达标量/废气总排放量×100%
			固体废物污染控制情况	固体废物量/总废物量×100%
		节能目标	能耗减少率	（未采用节能措施单方平米能耗量－采用节能措施单方平米能耗量）/未采用节能措施单方平米能耗量×100%
			建筑总能耗指标	建筑节能能耗是否符合国家标准
	可持续影响	环境可持续发展	噪声排放标准限值	噪声排放标准限值
		项目自身可持续性	管理规模比	管理人员数量比项目总规模
			达产时间	达到设计能力100%所需时间
满意度目标	服务对象满意度	普通民众好评率	普通民众好评率	好评总人数/普通民众总人数×100%

第二节　政府投资基本建设项目备选绩效目标集的建立

目前的政府投资基本建设项目绩效评价精准指标体系和概略指标体系中所设置的各级绩效评价指标的局限性，使其均不能直接作为政府投资基本建设项目绩效评价目标。然而，考虑到绩效目标与绩效评价指标之间的关系，即绩效目标是用来指导绩效评价指标的，故本书所研究的绩效目标应以已建立的绩效评价指标体系为基础，通过对指标进行集成处理，从而筛选出能够与绩效评价指标体系相对应的绩效目标体系。

一　基于层次分析法的绩效评价指标集成优化

（一）层次分析法的选取

绩效评价指标集成的常见方法包括质性指标集成方法以及量化指标集成方法。在已有的研究成果中，质性指标集成方法通常包括专家访谈法、文献统计法、遗产算法等，量化指标的集成方法较多，通常包括决策树、贝叶斯分类、人工神经网络等方法，这些指标集成优化的方法已在许多领域中成功运用，并逐步发展成为较成熟的数据模型。指标集成的方法如表2－4所示。

表2－4　　**指标集成分类的方法综述**

方法		基本原理	优点	缺点	适用范围
质性指标集成分类方法	专家访谈法	依据有经验专家主观判断实现	方法简单，容易操作	主观性强	适用于具有较成熟指标体系的项目
	文献统计法	统计各类资料中出现的相关指标	操作简单、弥补了主观评价的缺点	工作量大，容易受到影响	适用于资料研究较多的项目
	遗传算法	通过对一组编码表示进行简单的遗传操作和优胜劣汰的自然选择来指导学习和确定搜索的方向	应用简单、容错性强	效率低、过早收敛时间长	适用于对精度要求不高的项目
量化指标集成分类方法	决策树	采用自顶向下层层递推的方式	直观性、容易理解	主要用于非数据型数据处理	适用于非数据指标较多的项目
	贝叶斯分类	基于贝叶斯后验概率原理	方法简单、分类准确率高、速度快	对数据属性要求较高	适用于数据建设项目独立的项目
	人工神经网络	由一组相互连接的节点和有向链构成	承受力强、准确率高、速度快	时间较长、开放性差	适用于历史数据较为丰富的项目
	粗糙集	基于分类机制基础上对数据进行等价划分	分析不精准数据	只能处理离散的数据信息	适用于数据量大且数据较模糊的项目

通过上述分析可知，质性指标集成方法存在较强的主观性，容易受到资深专家和已有资料的影响，此外，由于各种量化指标集成方法均具有一定的局限性，若仅采用量化指标集成方法又容易导致指标集成不客观合理的结果。所以，本书中将借鉴质性指标集成分类方法和量化指标集成分类方法，采用层次分析法制定绩效评价指标筛选原则，选取有代表性的绩效评价指标，从而实现绩效目标与绩效评价指标之间的对比分析。

（二）绩效评价指标集成优化的原则

政府投资基本建设项目绩效评价系统应该是一个连续不断、及时反馈、随时调整的有机系统，它不仅应在项目初期制定科学合理的绩效目标，而且应在项目完成后通过对比分析绩效评价指标，对不合适的绩效目标进行重新修订。① 因此，筛选科学合理的政府投资基本建设项目绩效目标不仅需要结合项目的实际特征及相关资料层层分解绩效目标，还需要了解和掌握绩效评价指标测评的结果，建立和完善政府投资基本建设项目绩效评价结果的反馈机制，保证已构建的政府投资基本建设项目绩效评价指标与绩效目标之间的拟合程度。绩效评价指标集成受到很多因素影响，为保证集成后的绩效评价指标具有代表性，能够尽可能对绩效评价全部指标进行全面、客观、准确的

① 杨长利．公共基础设施基础绩效评价研究［D］．大连：东北财经大学，2012.

反映，绩效评价指标的集成必须遵守一定的原则。[①] 主要原则如下：

1. 个性化原则

集成的绩效指标仍应能够作为一个有机整体，能够在不同方面反映出政府投资基本建设项目的绩效水平。结合政府投资基本建设项目决策阶段的特点，集成得到的绩效指标虽不宜过多与过于具体，但应具有个性化，能够全面指导绩效评价指标。

2. 可描述性原则

由于设置政府投资基本建设项目绩效目标最终目的是为与绩效评价指标进行对比分析，从而得出项目完成水平，在实际评价工作中各个指标均应具有可描述性，整个集成的绩效指标体系不应该是一个模糊的指标集，而应该具有简明、可描述、容易比较等特点。

3. 客观性原则

绩效评价目标是评价结果客观准确的根本保证，应该重视保证评价目标体系的客观公正，同时要保证数据来源的可靠性、准确性和评估方法的科学性。

4. 可比性原则

集成的绩效评价指标应保证与已建立的绩效评价指标间的同趋势化，使得集成的绩效评价指标不仅涵盖已建成的绩效评价指标的全部内容，而且能够与已建成的绩效评价指标体系进行横向及纵向的对比分析。

5. 科学性原则

绩效指标体系的集成不能依据人的主观判断，而是必须建立在科学合理的基础上，指标的选择与集成必须依据科学的理论依据（统计理论、系统理论、管理与决策科学理论等）。

（三）层次结构模型的构建

层次分析法的基本思路是：[②③] 首先找出指标筛选的相关重要因素，将这些因素按照隶属、关联关系构成一个递阶层次模型；其次按照规定的准则对每层的因素依次进行重要性比较，构建判断矩阵，并通过计算矩阵的最大特征值和相应的正交化特征向量得到权重值；最终计算各层因素相对于总目标的组合权重，进而得出不同方案的权重值，确定最优方案。

本书根据政府投资基本建设项目目标体系构建初衷，通过分析有关资料和对相关学者进行访谈，决定主要选择指标可描述性、指标的激励程度、指标预测准确性和指标获取难易程度作为评价因子。对政府投资基本建设项目绩效评价指标体系进行集成

---

① 黄文贺．青岛某大型工程项目多目标集成管理评价体系研究［D］．南宁：广西大学，2013.

② 梁冬莹，周庆梅，王克奇．基于层次分析法的数字资源服务绩效评价体系构建［J］．情报科学，2013，31（1）：78—81.

③ 徐晓敏．层次分析法的运用［J］．统计与决策，2008（1）：156—158.

研究的主要目的是选择符合要求的备选绩效目标，所以把评价的目标层作为备选绩效目标，构建的层次结构图如图2-3所示。

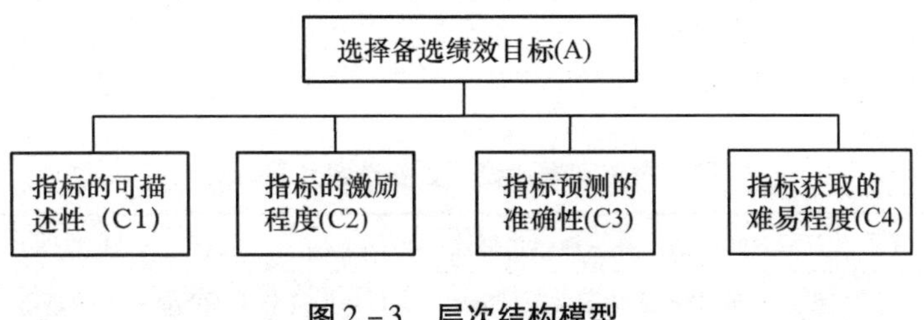

图2-3　层次结构模型

（四）判断矩阵的构建及权重计算

本书邀请相关领域专家通过对评价因子的相对重要程度了解，对各评价因子的重要程度进行打分，并根据专家打分情况构造判断矩阵，结果如表2-5所示。

表2-5　**评价因子权重计算结果**

A	C_1	C_2	C_3	C_4	W_i	λ_{max}	$CR=\frac{CI}{RI}$
C_1	1	4	3	2	0.4400	4.187	0.070<0.1
C_2	1/4	1	1/2	1/4	0.0814		
C_3	1/3	2	1	1/5	0.1196		
C_4	1/2	4	5	1	0.3589		

由表2-5所示，显然$A-C$矩阵满足一致性检验要求，所示W_i中的权重可以应用。因此，对于政府投资基本建设项目绩效评价指标体系集成优化而言，评价因子按照权重大小排序为指标可描述性、指标获取难易程度、指标预测准确性、指标的激励程度。

评价因子重要性排序与研究专家的观点具有一致性，研究专家依据实践经验认为政府投资基本建设项目绩效评价指标体系优化时应优先考虑所占权重较大的评价因子。经过专家讨论得出构建政府投资基本建设项目备选绩效目标体系的原则为：（1）“指标可描述性”和“指标获取的难易程度”作为筛选指标是必须考虑的因素，绩效评价指标不满足任何一个因素均应剔除；（2）“指标预测准确性”和“指标的激励程度”作为筛选备选目标时的参考因素，绩效评价指标在符合筛选第一个原则的基础上，至少应满足一个参考评价因素的要求才能作为备选绩效目标。

二　构建政府投资基本建设项目备选绩效目标集

本书首先依据制定的政府投资基本建设项目备选绩效目标筛选原则对绩效评价指标进行筛选，剔除了不符合要求的绩效评价指标，然后按照已构建的绩效目标体系框架将筛选后的绩效评价指标归类汇总，最终得到政府投资基本建设项目备选绩效目标集，建立包括13个产出目标，8个效益目标，2个满意度目标（均为三级目标），量化替代后得到19个产出目标，15个效益目标，2个满意度目标（均为可执行目标），如表2-6所示。

表2-6　**政府投资基本建设项目备选绩效目标集**

一级目标	二级目标	三级目标	可执行目标	目标说明
产出目标	质量目标	设计质量	质量达标	是否符合工程质量标准的要求
		施工质量	质量达标率	（质量达标产出数/实际产出数）×100%
			工程优良率	优良单位工程数量/验收单位工程数量×100%
	成本目标	建设成本	投资强度	项目固定资产总投资/项目总用地面积
			固定资产转化率	固定资产价值总额/审定总投资额×100%
		环境成本	环保资金投入率	施工环保投入金额/建安费
	安全目标	消防安全目标	消防资金投入率	消防投入资金/建安费×100%
		安全生产	安全资金投入率	安全文明施工费/建安费×100%
			安全措施达标合格率	采取的安全措施最终达标合格情况
			事故发生率	事故发生数量/全部事故发生数量×100%
		人身安全	劳动力安全完成率	（1-劳动力因事故损失量/劳动力总量）×100%
		财产安全	资金审查频率	定期进行必要的资金审查
	时效目标	施工进度	施工进度提前率	（定额工期-合同工期）/定额工期
	管理效率	制度执行有效性	相关资料齐全性	项目合同书、检验报告、技术鉴定等资料是否齐全并及时归档
			相关手续完备性	项目调整及支出调整手续是否完备
		工程完成及时率	工程完成及时率	[（计划完成时间-实际完成时间）/计划完成时间]×100%
		资源节约率	资源节约率	（项目计划资源消耗量-项目实际资源消耗量）/计划资源消耗量×100%
	数量目标	资金投入	资金投入及时率	及时到位财政资金/应到位财政资金×100%
			资金投入到位率	财政资金实际到位总额/财政资金计划投入总额×100%
效益目标	经济效益	财务经济效益	投资回收期	动态投资回收期=（累计净现金流量现值出现正值的年数-1）+上一年累计净现金流量现值的绝对值/出现正值年份净现金流量的现值；静态投资回收期=（累计净现金流量出现正值的年数-1）+上一年累计净现金流量的绝对值/出现正值年份净现金流量

续表

一级目标	二级目标	三级目标	可执行目标	目标说明
效益目标	经济效益	财务经济效益	投资收益率	投资收益/投资成本×100%
		国家经济效益	经济内部收益率	项目计算期内经济净现值累计等于零的折现率
			效益费用比	效益流量的现值/费用流量的现值×100%
	社会效益	对地区人民发展的影响	新增就业率指数	新增总就业人数/项目总投资数值越大越好
			拆迁投诉率	拆迁投诉案件数量/总投诉案件数量
		对社会发展的影响	劳动生产率贡献度	[(有公共项目时的劳动生产率－无公共项目时的劳动生产率)/有公共项目时的劳动生产率]×100%
	生态效益	环境目标	绿化率	绿化植物垂直投影面积/项目建设用地总面积×100%
			废气排放达标率	废气排放达标量/废气总排放量×100%
			固体废物污染控制情况	固体废物量/总废物量×100%
		节能目标	能耗减少率	(未采用节能措施单方平米能耗量－采用节能措施单方平米能耗量)/未采用节能措施单方平米能耗量×100%
			建筑总能耗指标	建筑节能能耗是否符合国家标准
	可持续影响	环境可持续发展	噪声排放标准限值	噪声排放标准限值
		项目自身可持续性	管理规模比	管理人员数量比项目总规模
			达产时间	达到设计能力100%所需时间
满意度目标	服务对象满意度	使用者好评率	使用者好评率	好评总人数/使用者总人数×100%普通民众
		好评率	普通民众好评率	好评总人数/普通民众总人数×100%

第三节 政府投资基本建设项目可行绩效目标集的建立

一 政府投资基本建设项目初始绩效目标体系与备选绩效目标体系的融合

本书首先综合分析基本建设项目特征，在《中央部门预算绩效目标管理办法》(财预〔2015〕88号)基础上，参照《投资项目可行性研究指南》，通过文献综述的方法，建立了政府投资基本建设项目初始绩效目标集；然后，通过层次分析法制定绩效评价指标的筛选原则，从而筛选出备选绩效目标集；为保证绩效目标的全面性，现将政府

一级目标
二级目标
三级目标
可执行目标
产出目标
数量目标
资金投入
连续现金流
资金投入及时率
资金投入到位率
资源投入
资源投入及时率
资源投入到位率
质量目标
设计质量
设计技术标准达标
施工质量
材料质量达标率
设备质量达标率
工程优良率
运营质量
工程年维修次数
工程基本使用功能达标
成本目标
建设成本
材料浪费率
投资强度
固定资产转化率
运营成本
月运营管理费率
年维护费率
环境成本
单位面积破坏
环境修复成本
单位面积排污收费率
环保资金投入率
时效目标
服务寿命
物理服务寿命期
经济服务寿命期
施工进度
施工进度提前率
管理效率
工程完工准时性
工程完工准时性
资源利用率
资源利用率
人员出勤率
人员出勤率
制度执行有效性
相关资料齐全性
相关手续完备性
工作流程合规性
安全目标
消防安全目标
火灾隐患部位的防火等级
消防资金投入率
安全生产
安全设施齐全
安全生产管理制度完善
安全资金投入率
事故发生率
人身安全
人员伤亡率
安全防护用具到位率
财产安全
资金审查频率
财产损失率

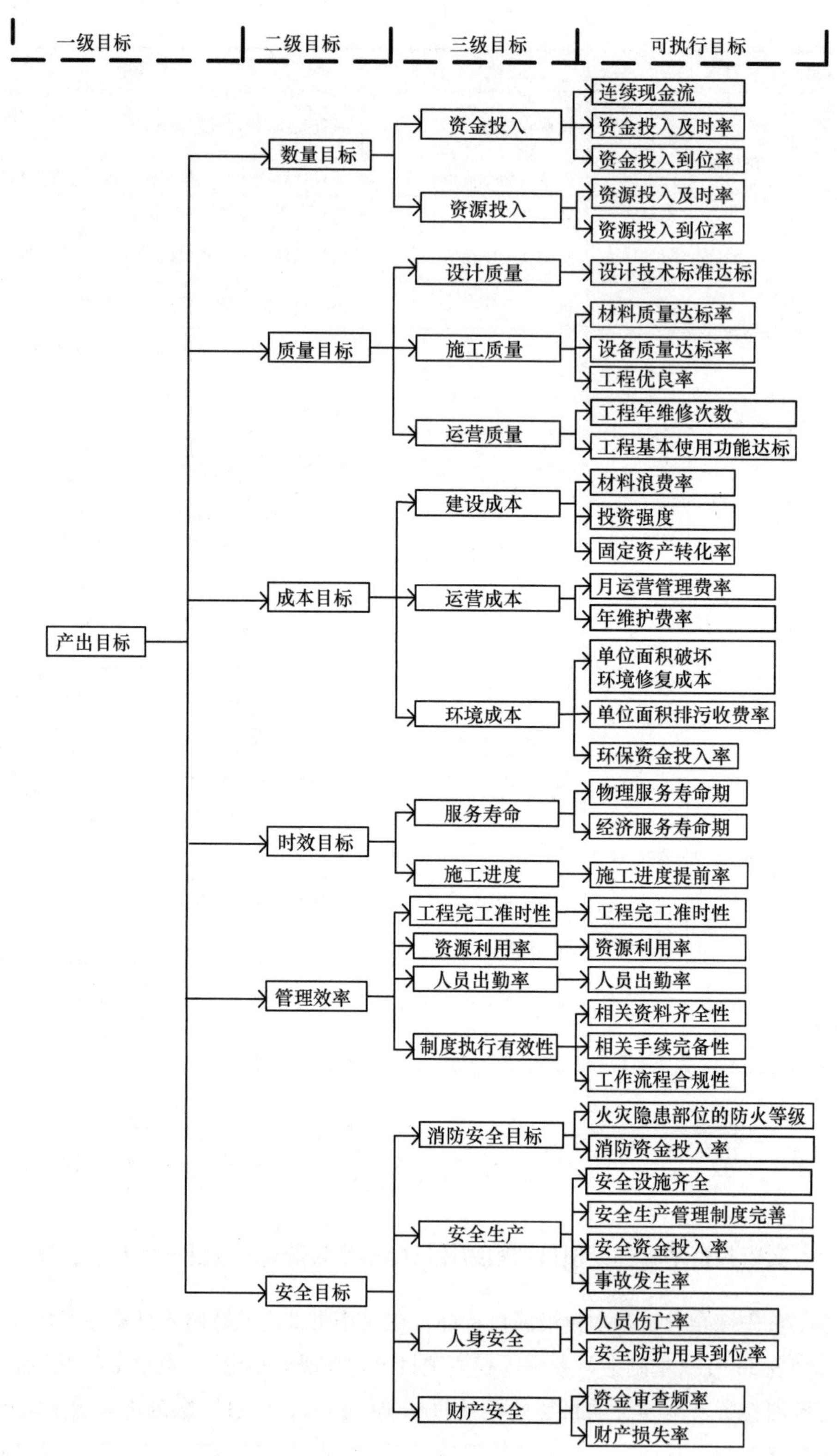

图 2－4　可行产出目标集

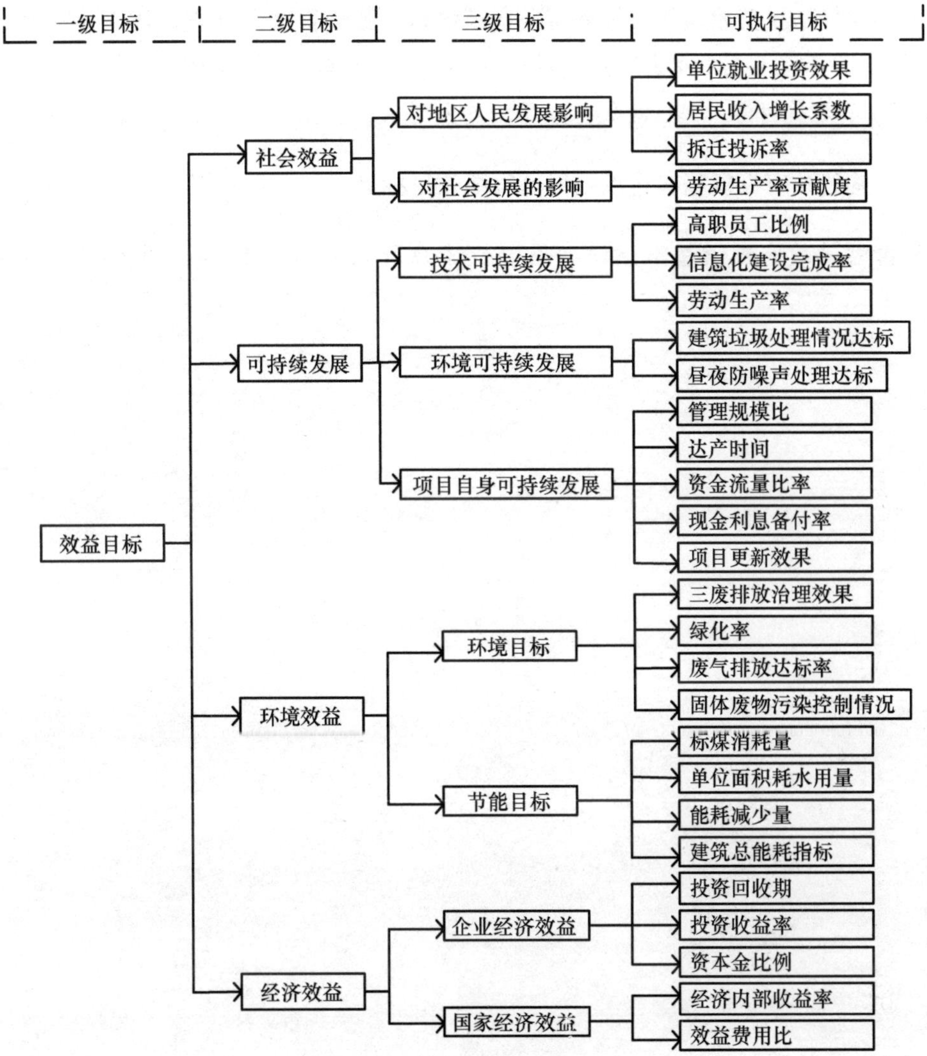

一级目标
二级目标
三级目标
可执行目标
效益目标
社会效益
对地区人民发展影响
单位就业投资效果
居民收入增长系数
拆迁投诉率
对社会发展的影响
劳动生产率贡献度
可持续发展
技术可持续发展
高职员工比例
信息化建设完成率
劳动生产率
环境可持续发展
建筑垃圾处理情况达标
昼夜防噪声处理达标
项目自身可持续发展
管理规模比
达产时间
资金流量比率
现金利息备付率
项目更新效果
环境效益
环境目标
三废排放治理效果
绿化率
废气排放达标率
固体废物污染控制情况
节能目标
标煤消耗量
单位面积耗水用量
能耗减少量
建筑总能耗指标
经济效益
企业经济效益
投资回收期
投资收益率
资本金比例
国家经济效益
经济内部收益率
效益费用比

图2－5　可行效益目标集

一级目标
二级目标
三级目标
可执行目标
满意度目标
服务对象满意度
用户
项目安全性能达标
产品或服务价格合理
政府
使用者好评率
承包商
工程利润额
工程纠纷发生率
项目周边组织
拆迁安置补偿标准达标
普通民众好评率

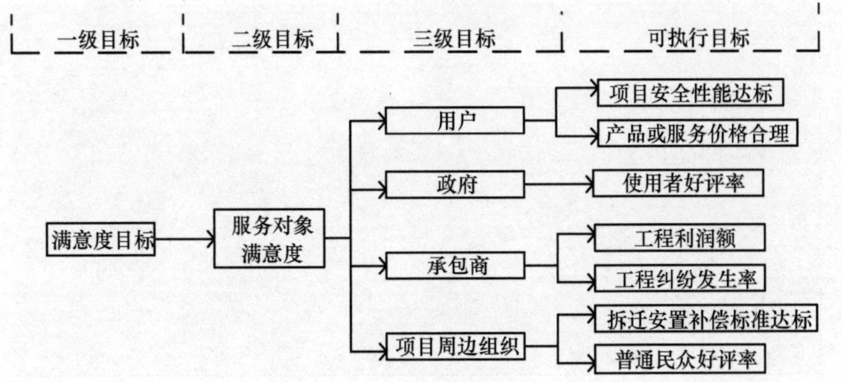

图2－6　可行满意度目标集

投资基本建设项目初始绩效目标集与备选绩效目标集进行融合处理，建立包括 18 个产出目标，9 个效益目标，4 个满意度目标（均为三级目标），量化替代后得到 38 个产出目标，27 个效益目标，7 个满意度目标（均为可执行目标）。

二　构建政府投资基本建设项目可行绩效目标集

完善后的政府投资基本建设项目可行绩效目标集如图 2 – 4、图 2 – 5、图 2 – 6 所示。

第三章　政府投资基本建设项目最终绩效目标集的建立

管理必须遵循一个原则：每一项工作都必须为达到总目标而展开。

——德鲁克①

引文：

爱迪生桥梁工程绩效目标管理

一、工程概况

LH国际大厦工程于2002年12月28日开工，计划2004年11月竣工（见右图）。LH国际大厦是一座国际化5A级智能写字楼，大厦由南主楼、北副楼两幢建筑组成，主楼共22层，建筑高度为89.55米，面积为25739平方米，层高5.6米；二层设办公大堂及咖啡厅，层高5米；三至二十二层为大开间办公用房，层高3.9米，净高可达2.8米，各层建筑面积富于变化，从803平方米至1515平方米。副楼共9层，局部10层，建筑高度为37—45米，面积为8990平方米，地下共三层，面积为17349平方米。建筑防火一级。

① 彼得·德鲁克（1909—2005）在管理界是受人尊敬的思想大师，他一生共著书39本，在《哈佛商业评论》上发表文章30余篇，被誉为“现代管理学之父”。他文风清晰练达，对许多问题提出了自己的精辟见解。杰克·韦尔奇、比尔·盖茨等人都深受其思想的影响。德鲁克一生笔耕不辍，年逾九旬还创作了《德鲁克日志》，无怪乎《纽约时报》赞誉他为“当代最具启发性的思想家”。

二、按照标准的方法和程序设定绩效目标和 KPI

施工项目安全管理目标设定好之后，根据绩效管理体系的要求，将组织目标分解到各个部门，并确定 KPI。本项目根据成功关键要素法对建筑施工项目安全管理的战略目标进行分解，寻找施工项目安全管理成功的关键要点，并对安全成功的关键要点进行重点监控。首先，寻找建筑施工项目安全管理获得成功的关键因素，提炼出导致成功的关键业绩模块；然后对关键业绩模块进行进一步的解析，分解为关键要素；为了便于对关键要素进行量化考核与分析，根据 SMART 原则将上述关键业绩要素细分为关键业绩指标 KPI。

三、施工项目安全绩效管理计划

由于绩效目标是自上而下分解，所以，我们以绩效计划阶段所选择的三个岗位为例，来设定安全绩效的管理计划。下面是项目经理安全绩效目标和关键绩效指标的管理计划。

项目经理安全绩效维度	目标	关键绩效指标
1. 安全法规、制度和目标 认真贯彻落实国家、政府有关安全生产的方针、政策、法律、法规，及时传达落实中央及地方政府对当前安全生产的指示或会议精神；认真执行安全生产管理规章制度，确保项目安全生产和文明施工管理达标	死亡事故为零，重伤事故为零，轻伤频率小于 3%；制定全面细致的《项目部安全生产责任制》；项目部安全职责说明书拥有率 100%	死亡率、重伤事故率、轻伤频率
2. 安全检查 定期召开工程项目安全生产与文明施工领导小组会议，认真研究与分析当前工程项目安全生产动态、特点，并对存在隐患采取有效措施进行整改，以确保安全生产	会议中所提出的安全问题 100% 解决；隐患按时整改 100%；设施、装备维修保养等达标 100%	隐患按时整改率

LH 国际大厦项目在安全绩效管理体系中通过确立关键绩效目标来明确安全管理的重点，提高了安全管理的效率。同样，在建立绩效目标体系时，可以运用 KPI 法明确绩效目标集中的最关键、最具有代表性的绩效目标，从而达到筛选绩效目标的目的。

资料来源：朱会英．建筑施工项目 KPI 安全绩效管理体系［D］．重庆：重庆大学，2005.

完善后的政府投资基本建设项目可行绩效目标集是初始绩效目标集和备选绩效目标集融合的结果，共包括31个绩效目标（均为三级绩效目标），量化替代后为72个绩效目标（均为可执行绩效目标）。该绩效目标集在一定程度上反映出政府投资基本建设项目绩效评价的目的，具有一定的可行性，但是由于目标数量较多将会增加前期数据收集和后期绩效评价的难度。因此，有必要对上述绩效目标集中的绩效目标进行提炼和归纳，从中筛选出最具有代表性、关键性的核心绩效目标。

本章结构如图3－0所示：

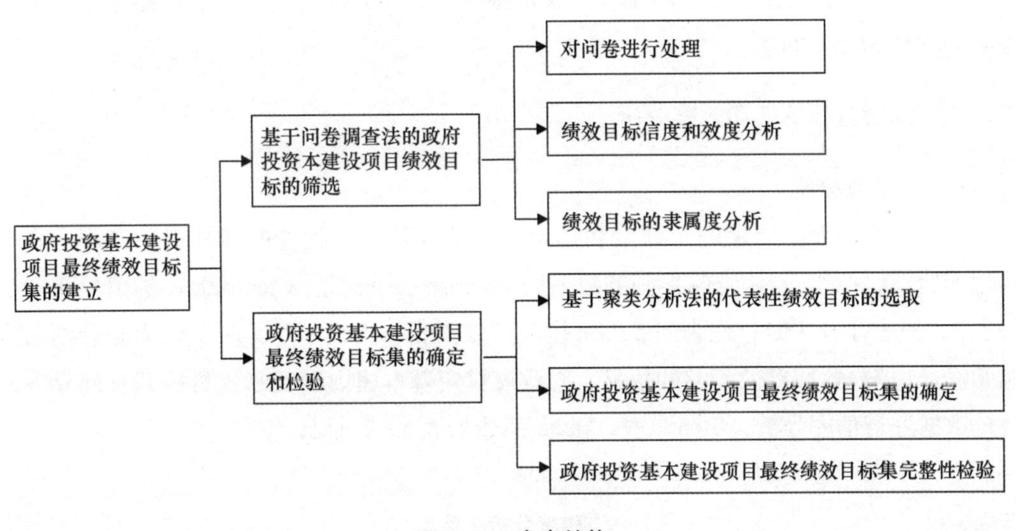

图3－0　本章结构

第一节　基于问卷调查法的政府投资基本建设项目绩效目标的筛选

一　对问卷进行处理

本书采用问卷调查的方法对绩效目标进行优化处理，为确保样本数据的质量，本次问卷方法的对象为咨询单位、设计单位、业主单位、施工单位、政府部门的工作人员及居民。本次问卷共包括两部分，分别为“绩效目标的重要程度”和“绩效目标的可描述性”。对于“绩效目标的重要程度”而言，本书采用五点量表法并对其度量方式进行相应调整，分数从1到5分分别代表“不重要”“一般”“重要”“非常重要”和“极其重要”，得分越高表示指标对政府投资基本建设项目目标越重要；对于“绩效目标的可描述性”而言，本书所设计的调查问卷仅对其做“是否”判断，分数1代表“可描述”、分数0代表“不可描述”，主要是指问卷中所给出的绩效目标在项目决策阶段是否可进行定量计算或定性分析，即定量目标在项目决策阶段可以预测准确数值，定性目标在项目决策阶段可以进行“是”“否”判断，具体的调查问卷详见附录。为保证政府投资基本建设项目绩效目标调查问卷发放的效率，本书采用“问卷星”系统在线设置调查问卷，通过 QQ、微信、邮件等方式发放问卷，要求受访者根据自身的专业知识，对 72 个绩效目标（均为可执行绩效目标）重要程度和可描述性进行选择。此外，为提高调查对象的积极性，减少无效问卷的数量，在调查问卷中增设“让红包飞”功能。通过统计可知本次共发放并收回 113 份，其中有效问卷 104 份，有效问卷收回率为 92.04%。对于无效问卷的剔除，主要是将填写问卷的时间较短和选择结果过于趋同性的问卷判为无效问卷。

二 绩效目标信度和效度分析

（一）信度分析

信度是指问卷中结果的一致性和稳定性，信度越大，问卷的标准误差越小。本书运用 SPSS 软件对问卷调查收集到的数据做 Cronbach α 测试，Cronbach α 的值界于 0 到 1 之间，当大于 0.7 时，认为问卷的可行度可以接受，当大于 0.8 时，认为问卷的信度非常好。① 依据收回有效问卷的信息，对政府投资基本建设项目绩效目标调查问卷各阶段的数据进行信度分析，Cronbach's Alpha 系数如表 3－1 所示。

表 3－1 **信度分析结果**

绩效目标	可靠性统计量		
	Cronbach's Alpha	基于标准化项的 Cronbach's Alpha	项数
产出目标	0.958	0.958	38
效益目标	0.954	0.954	27
满意度目标	0.853	0.854	7

由表 3－1 可知所有的 Cronbach α 系数均大于 0.8，表示该调查问卷有良好的可信度。为使得问卷中的绩效目标更具有代表性，本书采用 CITC（校正的项总计相关性）作为筛选标准，当大于 0.4 时，保留该绩效目标，当小于 0.4 时，如果删除该绩效目标后能够改善剩余绩效目标的 Cronbach α 系数，则删除该绩效目标。② 利用 SPSS 软件运行结果显示 CITC 值小于 0.4 的绩效目标共有五个，分别是连续现金流（0.315）、固定资产转化率（0.366）、人员出勤率（0.381）、高职员工比例（0.393）、工程利润率

① Hair J. F., Anderson R. E., Tatham R. L., et al. Multivariatre Data Analysis [M]. N. Y: Macmillan, 1998.

② 屈芳，马旭玲，罗林明. 调查问卷的信度分析及其影响因素研究［J］. 继续教育，2015（1）：32—34.

(0.390)。删除掉 CITI 值小于 0.4 的绩效目标后重新利用 SPSS 软件对问卷的 Cronbach α 系数进行分析，结果如表 3-2 所示。

表 3-2　　**修正后信度分析结果**

绩效目标	可靠性统计量		
	Cronbach's Alpha	基于标准化项的 Cronbach's Alpha	项数
产出目标	0.959	0.960	35
效益目标	0.955	0.955	26
满意度目标	0.864	0.865	6

通过表 3-1 和表 3-2 中的数据可知，通过删除 CITC 小于 0.4 的绩效目标使得所有测量结果的 Cronbach α 系数均提高，且均大于 0.8，从而使问卷整体的可信度提高。

(二) 效度分析

本书通过 KMO 值和 Bartlett 球形度检验对问卷调查数据进行建构效度分析，表 3-3 列出了对回收的调查问卷的效度分析结果。由表 3-3 可以看出，各阶段量表的 KMO 样本测度值均大于 0.7，且各阶段量表的 Bartlett 球形度检验显著，则样本可进行因素分析，故通过效度检验。

表 3-3　　**效度分析结果**

KMO 和 Bartett 的检验		产出目标	效益目标	满意度目标
取样足够度的 Kaiser-Meyer-Olkin 度量		0.879	0.903	0.839
Bartlett 的球形度检验	近似卡方	2596.498	1956.132	278.284
	df	595	325	15
	Sig.	0.000	0.000	0.000

三　绩效目标的隶属度分析

本书利用模糊数学中的隶属度概念建立绩效目标与目标重要程度、目标可描述性之间的映射关系。如果把政府投资基本建设项目绩效目标体系 $\{X\}$ 视为一个模糊集合，把每个绩效目标视为一个元素，就可对每个绩效目标进行隶属度分析。假设总共有 S 位专家同时对该绩效目标体系不同目标的重要程度和描述性进行评价，对于第 i 个绩效目标 X_i，其重要程度的选择为极其重要、非常重要与重要之和专家人数共有 M_i 位，描述性的选择为可描述性专家人数共有 N_i 位，则该绩效目标的隶属度 R 为：$R_1 = M_i/S$，$R_2 = N_i/S$，若 R 值很大，表明该绩效目标在很大程度上属于模糊集合，即该绩效目标在目标体系中很重要，可以保留下来作为正式的绩效目标；反之，则有必要予以删除。对104份有效问卷进行统计分析，通过计算得出67个绩效目标的隶属度值如附表2所示。

本书采用各目标隶属度的平均值作为筛选的临界值,[①] 其中 R_1 的均值为0.902，R_2 的均值为0.723，保留隶属度同时高于 R_1 和 R_2 均值的绩效目标，形成含有39个绩效目标的新绩效目标集，如表3-4所示。这一新绩效目标集是在综合各受访者意见的基础上形成的，不仅在目标数量上有所减少，而且由于保留专家们普遍接受的绩效目标，因而可以提高该体系的可操作性和认可度。

表3-4　**筛选后的政府投资基本建设项目绩效目标集**

一级目标	二级目标	三级目标	可执行目标	目标说明
产出目标	数量目标	资金投入	资金投入及时率	及时到位财政资金/应到位财政资金×100%
			资金投入到位率	财政资金实际到位总额/财政资金计划投入总额×100%
		资源用量	资源投入及时率	及时到位资源/应到位资源×100%
			资源投入到位率	资源实际到位数量/计划投入资源数量×100%
	质量目标	设计质量	设计技术标准达标	是否符合设计技术质量标准的要求
		施工质量	材料质量达标率	（质量达标材料数/实际材料数）×100%
			设备质量达标率	（质量达标设备数/实际设备数）×100%
		运营质量	工程年维修次数	工程维修次数/工程使用年限
	成本目标	建设成本	投资强度	项目固定资产总投资/项目总用地面积
		运营成本	月运营管理费率	月运营管理费用/建筑面积×100%
			年维护费率	年维护费用/建设成本×100%
		环境成本	环保资金投入率	环保投资/项目总投资×100%
	时效目标	工程服务寿命	物理服务寿命期	工程是否在设计寿命内完成既定服务
			经济服务寿命期	维修价值/重建价值<1
	安全目标	消防安全目标	火灾隐患部位的防火等级	符合《建筑设计防火规范》要求
			消防资金投入率	消防投入资金/建安费×100%
			安全资金投入率	安全文明施工费/建安费×100%
			事故发生率	事故发生数量/全部事故发生数量×100%

① 吴瑞珠．政府投资基本建设项目绩效评价指标体系的构建研究［D］．天津：天津理工大学，2014.

续表

一级目标	二级目标	三级目标	可执行目标	目标说明
产出目标	安全目标	财产安全	财产损失率	损失财产金额/总金额×100%
		人身安全	人员伤亡率	伤亡人员数量/职工总人数×100%
			安全防护用具到位率	已到位安全防护用具数量/应到位安全防护用具数量×100%
效益目标	社会效益	对地区人民的影响	单位投资就业效果	新增总就业人数/项目总投资
			居民收入增长系数	项目当地居民收入增加额/居民项目建设前的收入总额
		对社会发展的影响	劳动生产率贡献度	[（有公共项目时的劳动生产率－无公共项目时的劳动生产率）/有公共项目时的劳动生产率]×100%
	可持续发展	技术可持续发展	劳动生产率	建设项目总价值/全部施工人员平均值×100%
		环境可持续发展	昼夜防噪声处理达标	昼夜噪声处理是否符合国家标准
		项目自身可持续发展	资金流量比率	经营活动产生的现金净流量/期末流动负债。
			现金利息备付率	税息前利润/当期应付利息×100%
	生态效益	环境目标	绿化率	绿化植物垂直投影面积/项目建设用地总面积×100%
		节能目标	单位面积耗水量	总消耗水量/建筑面积
	经济效益	国家经济效益	经济内部收益率	项目计算期内经济净现值累计等于零的折现率
		企业经济效益	投资收益率	投资收益/投资成本×100%
			资本金比例	自有资金/项目总投资
			投资回收期	动态投资回收期＝（累计净现金流量现值出现正值的年数－1）＋上一年累计净现金流量现值的绝对值/出现正值年份净现金流量的现值； 静态投资回收期＝（累计净现金流量出现正值的年数－1）＋上一年累计净现金流量的绝对值/出现正值年份净现金流量
满意度目标	服务对象满意度	用户	项目安全性能达标	项目的安全性能是否符合相关规定
			产品或服务价格合理	产品或服务价格是否在合理范围内
		政府	使用者好评率	好评总人数/使用者总人数×100%

第二节 政府投资基本建设项目最终绩效目标集的确定和检验

一 基于聚类分析法的代表性绩效目标的选取

本书选择变量聚类分析的方法对绩效目标进行分类，从而选择具有代表性的绩效目标，来达到目标筛选的目标。此方法首先需要验证样本数据的有效性，确保收集样本有效性。这需要在 SPSS 软件中以系统聚类法进行案例处理，剔除不合理问卷后，得到样本数据有效性为 100%，则样本数据可以进行变量聚类分析。

本书在综合分析政府投资基本建设项目特点后，结合有关聚类分析研究中分类的具体内容，将分类项目数量定为绩效目标数量的 75%—95%，即共分为 30—37 类。附表 3 为绩效目标聚类分析结果，其中第一列代表指标变量，后八列代表聚类为 37 逐渐减少到 30 的过程。

二 政府投资基本建设项目最终绩效目标集的确定

根据附表 3 的分类结果并结合本书的具体研究内容，可知在分类为 35 时选取的指标可以覆盖 89.7% 的信息，符合聚类分析中通过聚类之后的信息量要求，[①] 因此，采用分类为 35 时的指标聚类结果。由于本书存在 R_1 和 R_2 两个隶属度值，经相关专家讨论选取 R_1 占隶属度值的 60%，R_2 占隶属度值的 40%，并按照隶属度较高的原则选择每类的代表性绩效目标，从而得到 35 个绩效目标作为最终绩效目标集的结果，最终绩效目标集如图 3－1 所示。

综上，科学合理的绩效目标设置是政府投资基本建设项目绩效评价工作顺利实施的重要保证，能够有效引导建设单位围绕绩效目标开展工作。本书在财预〔2015〕88 号文件基础上，研究建立产出、效益、满意度三大类绩效目标，其中产出目标主要包括：数量、质量、成本、时效、管理效率、安全；效益目标主要包括：社会效益、生态效益、可持续发展、经济效益；满意度目标主要包括服务对象满意度。最终建立包括 14 个产出目标，9 个效益目标，2 个满意度目标（均为三级目标），量化替代后得到 21 个产出目标，11 个效益目标，3 个满意度目标（均为可执行目标）在内的政府投资基本建设项目绩效目标集。

---

① 王凡．模糊数学与工程科学［M］．哈尔滨：哈尔滨船舶工程学院出版社，1988.

一级目标
二级目标
三级目标
可执行目标
产出目标
数量目标
资金投入
资金投入及时率
资金投入到位率
资源用量
资源投入及时率
资源投入到位率
质量目标
设计质量
设计技术标准达标
施工质量
材料质量达标率
设备质量达标率
运营质量
工程年维修次数
成本目标
建设成本
投资强度
运营成本
月运营管理费率
年维护费率
环境成本
环保资金投入率
时效目标
工程服务寿命
物理服务寿命期
经济服务寿命期
管理效率
工程完工准时性
工程完工准时性
制度执行有效性
相关手续完备性
安全目标
消防安全目标
消防资金投入率
安全资金投入率
事故发生率
人员安全
安全防护用具到位率
财产安全
财产损失率
效益目标
社会效益
对地区人民的影响
单位就业投资效率
居民收入增长系数
对社会发展的影响
劳动生产率贡献度
可持续发展
技术可持续发展
劳动生产率
环境可持续发展
昼夜防噪声处理达标
项目自身可持续发展
资金流量比率
生态效益
环境目标
绿化率
节能目标
单位体积耗水用量
经济效益
企业经济效益
投资回收期
资本金比例
国家经济效益
经济内部收益率
满意度目标
服务对象满意度
用户
项目安全性能达标
产品或服务价格合理
政府
使用者好评率

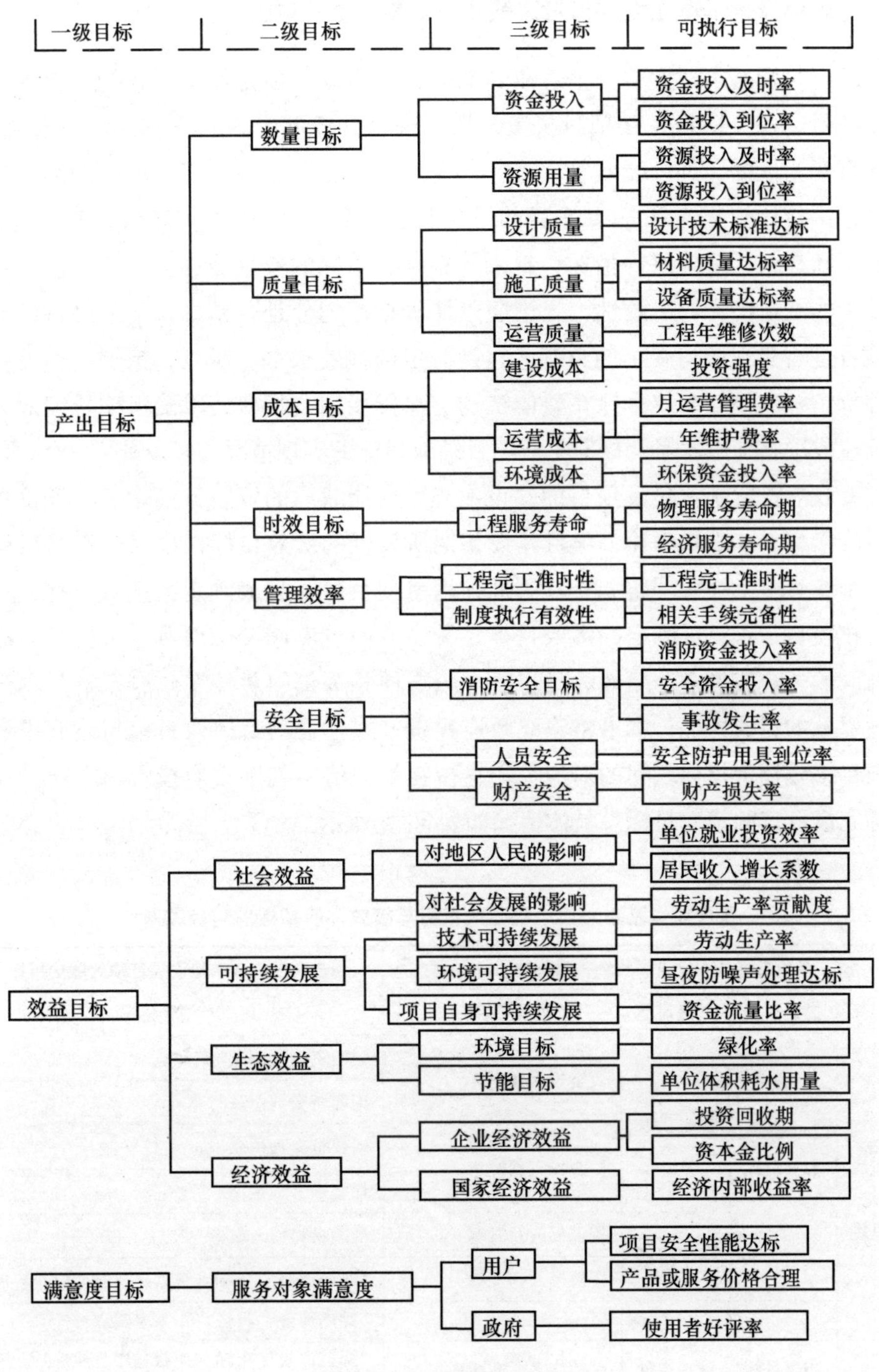

图3－1　最终绩效目标集

三　政府投资基本建设项目最终绩效目标集完整性检验

在政府投资基本建设项目全寿命周期内，以绩效目标为评价形式的绩效评价工作贯穿于项目的每个阶段。在项目决策阶段，确定和控制绩效目标；在项目实施阶段，以绩效目标为依据，进行绩效管理工作；在项目完成后，将已完成项目的绩效指标与绩效目标进行比较分析，[①] 衡量项目的绩效水平，并及时反馈评价结果。随着绩效评价工作的不断深入，绩效评价指标会越来越精细，指标的数量会逐渐增长，但是由于绩效评价工作的最终目标一致性，无论绩效评价指标划分是否精细，其最终目的亦是为考核项目是否实现最初制定的目标，达到既定的绩效水平。所以，精细化程度较高的绩效评价指标应该与绩效目标在整体结构上保持相同或相似，以确保项目绩效评价者在明确建成项目绩效水平的同时了解项目绩效目标的实现情况。

随着政府投资基本建设项目的建设实施，所能获取的资料逐渐增多，评价项目绩效水平的指标亦不断精细化，项目建设初期所设置的绩效目标在项目建设后可能会分解为一个或者多个绩效评价指标。因此，衡量项目是否完成既定的绩效目标，一方面应该考核项目是否完成既定的绩效目标，另一方面也应该考虑项目是否已经完成绩效目标对应的一个或者多个绩效评价指标。为方便相关部门对核实政府投资基本建设项目绩效目标的完成情况，本书将建立政府投资基本建设项目绩效目标与政府投资基本建设项目绩效评价指标之间的对应关系，旨在快速清晰判别政府投资基本建设项目是否能够完成既定的绩效目标。具体情况如表 3 －5 所示。

表 3 －5　　**政府投资基本建设项目绩效目标与绩效评价指标的对应关系**

政府投资基本建设项目绩效目标集				政府投资基本建设项目绩效评价指标集
一级目标	二级目标	三级目标	可执行目标	结果指标
产出目标	数量目标	资金投入	资金投入及时率	财政资金到位及时率
				配套资金到位及时率
			资金投入到位率	财政资金到位率
				配套资金到位率
		资源用量	资源投入及时率	低碳材料投入率
			资源投入到位率	“降档评级”指标（低碳环保制度完善程度）
	质量目标	设计质量	设计技术标准达标	“降档评级”指标（申报资料完整性）
				“降档评级”指标（申报程序合规性）
				“降档评级”指标（项目前期手续的批复及决议文件）

① 谭涛，熊志坚．工程项目绩效评价指标体系比较研究［J］．科技管理研究，2014，34（23）：81—90.

续表

政府投资基本建设项目绩效目标集				政府投资基本建设项目绩效评价指标集
一级目标	二级目标	三级目标	可执行目标	结果指标
产出目标	质量目标	施工质量	材料质量达标率	工程优良率
			设备质量达标率	质量达标率
		运营质量	工程年维修次数	
	成本目标	建设成本	投资强度	投资强度
		运营成本	月运营管理费率	
			年维护费率	
		环境成本	环保投资投入率	环保资金投入率
	时效目标	工程服务寿命	物理服务寿命期	预期收益率
				检验批质量合格率
				隐蔽工程质量合格率
				分部工程质量合格率
				拆迁投诉率
				施工进度提前率
				合同价款调整比率
				项目计划工期率
			经济服务寿命期	返工损失率
	管理效率	工程完工准时性	工程完工准时性	工程完成及时率
				工程实际完成率
		制度执行有效性	相关手续完备性	“一票否定”指标（采购决策程序规范性）
				“降档评级”指标（调整手续完备性）
				“降档评级”指标（相关资料齐性）
				制度落实达标合格率
				“降档评级”指标（项目征地拆迁合规性）
				“一票否定”指标（招投标流程、开标评标的合规性）
				“降档评级”指标（资金审核合规性）
				不利物质条件引起的工程索赔率
	安全目标	消防安全目标	消防资金投入率	消防资金投入率
				消防达标率
			安全资金投入率	安全资金投入率
			事故发生率	事故发生率

续表

政府投资基本建设项目绩效目标集				政府投资基本建设项目绩效评价指标集
一级目标	二级目标	三级目标	可执行目标	结果指标
产出目标	安全目标	人身安全	安全防护用具到位率	安全措施达标合格率
				劳动力安全完成率
				卫生防护达标率
		财产安全	财产损失率	跟踪审计核减率
				实际投资超概率
				资金利用率
				资金审查频率
效益目标	社会效益	对地区人民的影响	单位投资就业效果	新增就业率指数
			拆迁投诉率	人均水资源拥有量变动率
				人均耕地面积变动率
		对社会发展的影响	劳动生产率贡献度	劳动生产率贡献度
				能源年消耗量变动率
	可持续发展	技术可持续发展	劳动生产率	单方平米造价超标率
				竣工决算审计核减率
				工程成本节约率
				固定资产转化率
		环境可持续发展	昼夜防噪声处理达标	噪声排放标准限值
				废气排放达标率
				固体废物污染控制情况
		自身可持续发展	资金流量比率	管理规模比
				达产时间
	生态效益	环境目标	绿化率	绿化率
		节能目标	单位面积耗水量	能耗减少率
				资源节约率
	经济效益	企业经济效益	投资回收期	投资回收期
				投资收益率
			资本金比例	资金提前支出比率
				资金利用率
		国家经济效益	经济内部收益率	经济内部收益率
				效益费用比

满意度目标	服务对象满意度	用户	项目安全性能达标	质量达标
				“降档评级”指标（项目质量标准健全）
			产品或服务价格合理	
		政府	使用者好评率	使用者好评率
				普通民众好评率

由表3－5可知，并非所有的政府投资基本建设项目绩效目标都有与之相对应的绩效评价指标，不存在对应的绩效评价指标的绩效目标主要是涉及政府投资基本建设项目运营维护阶段的内容，包括：“工程年维修次数”“月运营管理费率”“年维护费率”“产品或服务价格合理”。造成这种现象的原因并不是已构建的政府投资基本建设项目绩效评价指标不完善，而是由于政府投资基本建设项目本身具有的公益性和社会性，使得建成后项目不仅应该保证具有良好的使用功能，而且应该保证能够持续为社会公众提供良好的服务。由于已构建的投资基本建设项目绩效评价指标仅是对建成后的项目进行绩效评价，其评价的内容主要是针对项目建设投入、过程、产出、效果四个阶段，并未涉及项目的运营维护期，因而会缺少部分与绩效目标对应的绩效评价指标。这便要求参与政府投资基本建设项目绩效评价工作的人员，不仅要在项目建成后及时评价项目绩效完成情况，而且应该跟踪调查项目在投产使用后是否能够完成既定绩效目标，从而实现政府投资基本建设项目的最终目的。

第四章　政府投资基本建设项目绩效目标体系层次的设定

对地方政府设置的目标要进行合理的分解，建立绩效目标分层结构。

——王谦[①]

引文：

湖北省财政厅推进预算绩效管理“提质增效”

2017年3月21日，据湖北财政新闻联播报道可知，在2016年，湖北省财政厅以“提质增效”为核心，完善预算绩效管理相关工作，预算绩效管理水平进一步提升，在财政部组织的全国财政预算绩效管理工作评比中荣获一等奖(见右图)。

一、进一步完善预算绩效管理制度体系

湖北省财政厅印发《湖北省省级财政支出绩效评价结果应用暂行办法》，规定了湖北省财政厅和省直部门各自在绩效评价结果应用方面的职责，明确了结果应用的主要方式和工作要求。修订《湖北省省直预算单位预算绩效管理考核办法》《湖北省财政部门预算绩效管理工作考核办法》，调整考核方向和重点，不断探索预算绩效管理工作方式。

---

① 王谦，男，(1958—)，博士，中国共产党党员，四川大学公共管理学院教授，中组部四川大学全国干部教育培训基专职副主任，四川大学公共管理学院院务委员，四川大学中国地方政府创新研究中心副主任，四川大学物联网应用研究所所长。77级“应用数学”专业理学学士，85级“计算机科学与应用”专业工学硕士，99级“管理科学与工程”专业管理学博士。专著、编著、主编、参编并出版专著12本。

二、全面加强绩效目标管理

在省级项目支出绩效目标编制全覆盖的基础上，首次要求所有省直部门报送整体支出绩效目标，并组织专家对整体支出绩效目标进行了集中审核，实现省直部门整体支出绩效目标管理全覆盖。构建参与式绩效目标评审机制，引入人大预工委、高校专家、中介机构广泛参与绩效目标评审，提高绩效目标审核的科学性和权威性。2017年省级预算申报新增项目223个，绩效目标初审通过148个，凡未通过绩效目标初审的项目均不纳入新增范围，为部门预算编审提供依据。

三、着力提高绩效评价管理水平

2016年，湖北139个省直部门共对622个项目开展了绩效评价，省财政厅对17个部门24个专项开展了重点绩效评价。进一步推进财政重点评价和部门自评相结合、绩效评价报告和绩效报告相结合的绩效评价方式，提高绩效评价效率。绩效评价对象从开展项目支出绩效评价逐步拓展到部门整体支出绩效评价，有22个单位开展了整体支出绩效评价。

四、继续完善财政专项资金竞争性分配

由省直部门在预算编制阶段，编制专项资金的绩效目标，湖北省财政厅组织专家对专项资金的绩效目标进行评审，并对部门修改完善后重新报送的专项资金绩效目标进行审核批复。省财政厅批复的绩效目标，由省直部门作为项目申报、评审和执行完后绩效评价的重要依据。对通过公开招投标、专家评审的形式分配的专项资金，要求公开组织项目申报，严格组织专家评审。评审完成后，评审结果在省直部门门户网站公开，接受社会公众监督。

五、完善预算绩效管理考核监督机制和支撑体系

继续推进将预算绩效管理工作纳入湖北省政府目标责任制考核范畴，督促省直部门提高资金使用效益；健全表彰激励机制，对省直部门和市县财政部门预算绩效管理工作考核结果进行通报，并对绩效管理优良的部门和地区给予资金激励。推动以省直部门为主体构建全省预算支出指标体系，包括部门整体支出绩效指标体系和所有项目支出绩效指标体系，2016年各部门指标体系基本完成。

资料来源：湖北省财政厅预算绩效管理“提质增效”. 湖北：湖北财政，2017.

政府投资基本建设项目具有特殊的公共性和社会性，涉及的相关利益者较多，项目涉及范围较为宽泛，使得项目在决策阶段需要制定范围较广的绩效目标。在绩效评价工作中，对绩效目标的排序是进行评价工作的前提，也是衡量绩效评价工作好坏的重要内容。理论和实践证明：在多层次、多准则综合绩效评价系统中，由于所涉及的因素和绩效目标往往很多，既有定性因素，又有定量因素，各因素之间并不都具有确定的数量关系，是一种灰色系统，所以本书采用灰色关联法对绩效目标体系进行分层设定，旨在寻求一种能衡量各因素间关联程度的量化方法，从而找出影响系统发展态势的重要因素。

本章结构如图 4－0 所示：

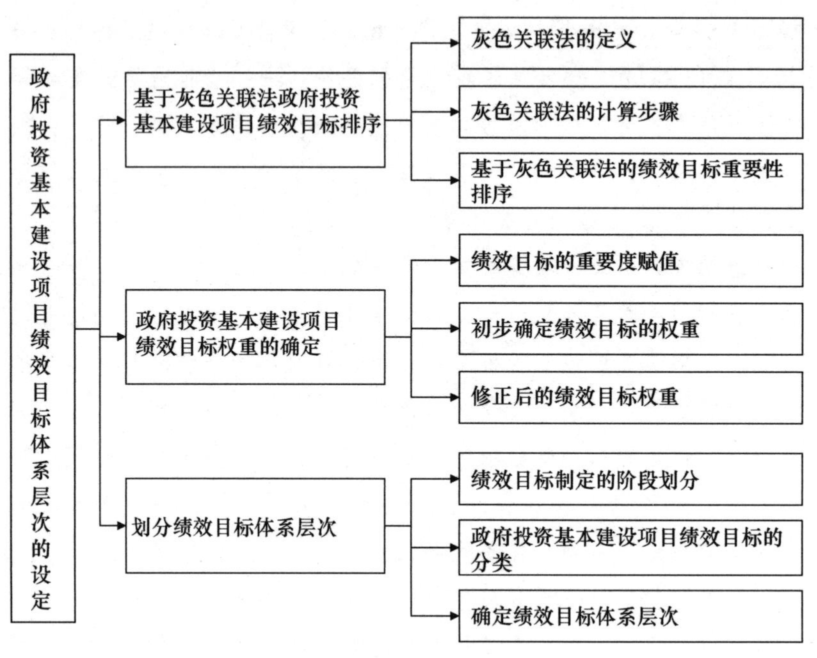

图 4－0　本章结构

第一节　基于灰色关联法政府投资基本建设项目绩效目标排序

一　灰色关联法的定义

灰色关联法是由邓聚龙教授首先提出，根据序列对应点之间的距离测度系统因素变化趋势的相似性。① 其基本思想是通过对比各个比较数列与参考数列构成的曲线之间

---

① 邓聚龙．灰色系统理论的关联空间［J］．模糊数学，1985（2）：1—10.

的集合相似度确定比较数列与参考数列之间的关联度，其关联度越大，说明该方案最优。①

二　灰色关联法的计算步骤

采用灰色关联法进行目标优先顺序排列，首先应该确定排序标准，标准的选取必须遵循可比性和先进性原则，根据确定的排序标准来确定比较数列，并将各评判因素中的最优值对应的数列确定为参考数列；其次，由于各评判因素的含义和目的不同，因而评判值通常具有不同的量纲和数量级，为了进行比较，须进行无量纲化处理，以减少随机因素的干扰；最终确定关联系数和关联度，再根据关联度的大小进行排序，从而确定出需要评价的各目标的优先排序。该方法的计算步骤如图 4－1 所示。

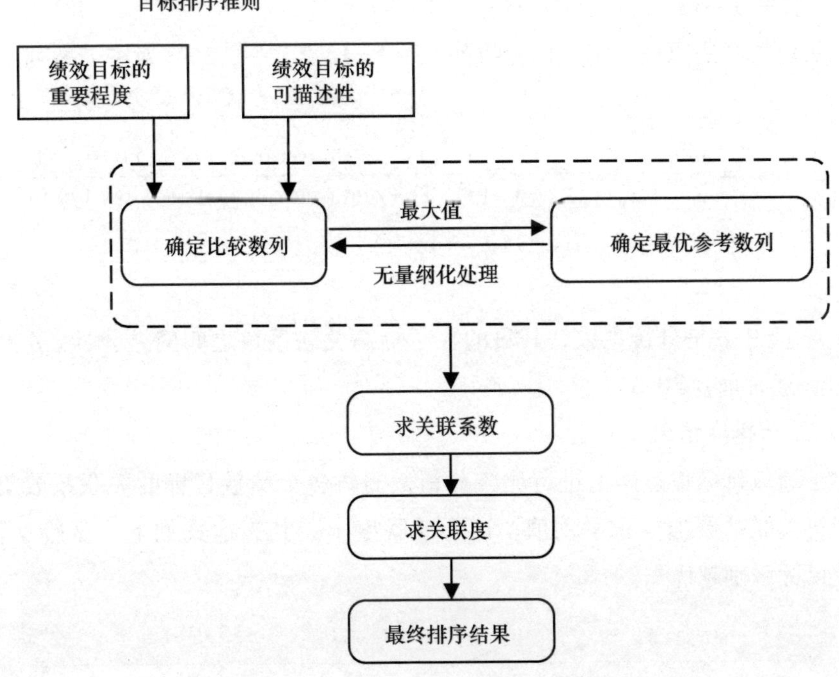

图 4－1　灰色关联分析法的一般步骤

（一）确定比较数列

本书对第三章建立的政府投资基本建设项目最终绩效目标集共包括 35 个绩效目标（均为可执行目标）进行优先顺序排列，明确各个绩效目标之间的优先层级。选取“绩效目标的重要程度”和“绩效目标的可描述性”作为目标排序的准则，根据问卷中获

① 崔杰，党耀国，刘思峰．几类关联分析模型的新性质［J］．系统工程，2009，27（4）：65—70.

取的隶属度 R_1 和隶属度 R_2 的值量化排序标准，统计数据得到各个绩效目标构成的比较数列 C_i（$i=1, 2, \cdots, 35$）。

（二）确定参考数列

参考数列中的各项元素是由目标决策指标数列中的最优值构成的，最优值可以是最大值或最小值（对“效益型”指标取其最大值，而“成本型”指标取其最小值）。① 本书选取最大值作为最优值，得到最终参考数列为：$C_0 = \{0.962, 0.855\}$。

（三）对数据进行无量纲化处理

由于各项评价标准的内容含义不同，为了方便比较需对比较数列和参考数列按公式4－1进行无量纲化处理，以减少随机因素的干扰。

$$X_i(j) = \frac{C_i(j)}{C_0} \quad (i=1, 2, \cdots, 35; j=1, 2) \qquad \text{公式（4－1）}$$

（四）求关联系数

根据灰色关联法原理，定义比较数列 C_i（$i=1, 2, \cdots, 35$）对参考数列 C_0 的关联系数为②：

$$\xi_i(j) = \frac{\min_i \min_j |x_o(j) - x_i(j)| + \rho \max_i \max_j |x_o(j) - x_i(j)|}{|x_o(j) - x_j(j)| + \rho \max_i \max_j |x_o(j) - x_i(j)|}$$
$$(i=1, 2, \cdots, 35; j=1, 2)$$

公式（4－2）

公式4－2中 ρ 是分辨系数，其目的在于提高关联系数之间的差异性。ρ 的取值一般在0—1，通常取 $\rho=0.5$。

（五）最终排序结果

为便于绩效目标在整体上进行比较分析，需将各个绩效目标的关联系数集中为一个值，即将关联系数加权求平均值，记为关联度 γ_i，其表达式如下。显然 γ_i 值越大，说明绩效目标级别越优先。③

$$\gamma_i = \sum_{j=1}^{2} wi \times \xi_i(j) (i = 1,2,\cdots,35) \qquad \text{公式（4－3）}$$

三　基于灰色关联法的绩效目标重要性排序

经相关专家讨论选取 W_1 为60%，W_2 为40%，经计算得到每个绩效目标的关联度，绩效目标的关联度越高，绩效目标级别越优先。按照上述步骤计算，得出基于灰色关

① 穆瑞，张家泰．基于灰色关联分析的层次综合评价［J］．系统工程理论与实践，2008，28（10）：125—130.

② 刘思峰，郭天榜，党耀国．灰色系统理论及其应用［M］．北京：科学出版社，1999.

③ 解建喜，宋笔锋，刘东霞．飞机顶层设计方案优选决策的灰色关联分析法［J］．系统工程学报，2004，19（4）：350—354.

联法的绩效目标优先排序分析表，详见附表4。

由附表4可以得出绩效目标的优先顺序为：使用者好评率>项目安全性能达标==居民收入增长系数>单位就业投资效果>绿化率==安全资金投入率==工程年维修次数==消防资金投入率==产品或服务价格合理>工程完工准时性==劳动生产率贡献度==劳动生产率>投资回收期==设计技术标准达标==相关手续完备性>资金投入到位率==资金投入及时率==资金流量比率==经济内部收益率==环保资金投入率>单位面积耗水量==昼夜防噪声处理达标==安全防护用具到位率==资源投入及时率==资源投入到位率>材料质量达标率==设备质量达标率==资本金比例==事故发生率==经济服务寿命期==物理服务寿命期==财产损失率==投资强度==年维护费率>月运营管理费率。

第二节　政府投资基本建设项目绩效目标权重的确定

一　绩效目标的重要度赋值

根据上述政府投资基本建设项目绩效目标的优劣顺序，本书将计算出绩效目标 X_i 与绩效目标 X_j 的重要程度之比 ω_{k-1}/ω_k（ω_k 表示第 K 个绩效目标的权重），这一比值记为 r_k。（$K=2, 3, 4, \cdots, 35$）重要程度之比 r_k 相应的重要程度赋值可以参照表4－1所示。本书在确定出绩效目标重要性顺序之后，将根据参照表的相关数值进一步确定绩效目标之间的重要程度之比。

表4－1　**绩效目标的重要程度赋值参照表**

r_k	说明
1.0	绩效目标 x_{k-1} 与绩效目标 x_k 同样重要
1.2	绩效目标 x_{k-1} 比绩效目标 x_k 略微重要
1.4	绩效目标 x_{k-1} 比绩效目标 x_k 特别重要
1.6	绩效目标 x_{k-1} 比绩效目标 x_k 非常重要
1.8	绩效目标 x_{k-1} 比绩效目标 x_k 极其重要

二　初步确定绩效目标的权重

根据参照表确定出绩效目标之间的优先顺序之比后，绩效目标的权重需要依据权重计算公式4－4计算得到，公式4－4如下所示。

$$W_{35} = \left(1 + \sum_{K=2}^{35} \prod_{I=K}^{35} Ri\right)^{-1} \qquad \text{公式（4－4）}$$

而由于重要程度之比与权重之间存在以下计算关系式，如公式 4－5 所示。

$$\omega_{k-1}/\omega_k = r_k,\ k = 35,\ 34,\ \cdots,\ 3,\ 2 \qquad \text{公式（4－5）}$$

因此，计算得到绩效目标的权重 ω_{35}之后，利用公式 4－5，依次计算出余下的所有绩效目标权重 ω_{35}，ω_{34}，…，ω_1，得出的绩效目标权重结果百分号前保留两位小数，初步得出的权重计算表详见附表 5。

三　修正后的绩效目标权重

通过灰色关联法得出的政府投资基本建设项目绩效目标权重尚未考虑到绩效目标体系的层级关系。因此，需对上述绩效目标权重进行进一步的修正，使得绩效目标体系整体的权重之和为 1。通过修正计算，最终得出政府投资基本建设项目绩效目标体系的权重如表 4－2 所示。

表 4－2　　**政府投资基本建设项目绩效目标体系权重**

一级目标	权重（%）	二级目标	权重（%）	三级目标	权重（%）	可执行目标	权重（%）
产出目标	45	数量目标	8	资金投入	4	资金投入及时率	2
						资金投入到位率	2
				资源用量	4	资源投入及时率	2
						资源投入到位率	2
		质量目标	10	设计质量	3	设计技术标准达标	3
				施工质量	2	材料质量达标率	1
						设备质量达标率	1
				运营质量	5	工程年维修次数	5
		成本目标	5	建设成本	1	投资强度	1
				运营成本	2	月运营管理费率	1
						年维护费率	1
				环境成本	2	环保资金投入率	2
		时效目标	2	工程服务寿命	2	物理服务寿命期	1
						经济服务寿命期	1
		管理效率	6	工程完工准时性	3	工程完工准时性	3
				制度执行有效性	3	相关手续完备性	3

续表

<table>
<tr><th>一级目标</th><th>权重（%）</th><th>二级目标</th><th>权重（%）</th><th>三级目标</th><th>权重（%）</th><th>可执行目标</th><th>权重（%）</th></tr>
<tr><td rowspan="5">产出目标</td><td rowspan="5">45</td><td rowspan="5">安全目标</td><td rowspan="5">14</td><td rowspan="3">消防安全目标</td><td rowspan="3">11</td><td>消防资金投入率</td><td>5</td></tr>
<tr><td>安全资金投入率</td><td>5</td></tr>
<tr><td>事故发生率</td><td>1</td></tr>
<tr><td>人身安全</td><td>2</td><td>安全防护用具到位率</td><td>2</td></tr>
<tr><td>财产安全</td><td>1</td><td>财产损失率</td><td>1</td></tr>
<tr><td rowspan="11">效益目标</td><td rowspan="11">35</td><td rowspan="3">可持续发展</td><td rowspan="3">7</td><td>技术可持续发展</td><td>3</td><td>劳动生产率</td><td>3</td></tr>
<tr><td>环境可持续发展</td><td>2</td><td>昼夜防噪声处理达标</td><td>2</td></tr>
<tr><td>项目自身可持续发展</td><td>2</td><td>资金流量比率</td><td>2</td></tr>
<tr><td rowspan="2">生态效益</td><td rowspan="2">7</td><td>环境目标</td><td>5</td><td>绿化率</td><td>5</td></tr>
<tr><td>节能目标</td><td>2</td><td>单位面积耗水量</td><td>2</td></tr>
<tr><td rowspan="3">经济效益</td><td rowspan="3">6</td><td rowspan="2">企业经济效益</td><td rowspan="2">4</td><td>投资回收期</td><td>3</td></tr>
<tr><td>资本金比例</td><td>1</td></tr>
<tr><td>国家经济效益</td><td>2</td><td>经济内部收益率</td><td>2</td></tr>
<tr><td rowspan="3">社会效益</td><td rowspan="3">15</td><td rowspan="2">对地区人民的影响</td><td rowspan="2">12</td><td>单位投资就业效果</td><td>6</td></tr>
<tr><td>居民收入增长系数</td><td>6</td></tr>
<tr><td>对社会发展的影响</td><td>3</td><td>劳动生产率贡献度</td><td>3</td></tr>
<tr><td rowspan="3">满意度目标</td><td rowspan="3">20</td><td rowspan="3">服务对象满意度</td><td rowspan="3">20</td><td rowspan="2">用户</td><td rowspan="2">12</td><td>项目安全性能达标</td><td>7</td></tr>
<tr><td>产品或服务价格合理</td><td>5</td></tr>
<tr><td>政府</td><td>8</td><td>使用者好评率</td><td>8</td></tr>
</table>

第三节　划分绩效目标体系层次

一　绩效目标制定的阶段划分

在项目决策阶段，政府投资基本建设项目建设者应该根据拟建项目的特点及相关要求制定相应的绩效目标，确定项目的绩效总目标及各个阶段性目标，并对所设定的绩效目标进行合理的论证，尽可能量化绩效目标并对目标实现程度予以合理测算，将其作为衡量项目建成后绩效成果的标准。项目决策阶段主要包括：项目启动阶段、编制项目建议书阶段、可行性研究阶段、项目决策审批阶段。

政府投资基本建设项目绩效目标的制定阶段主要是在编制项目建议书和可行性研究阶段。其中项目建议书是项目建设前期的第一步工作，它是拟建项目的轮廓性设想，主要是客观考虑项目建设的必要性，考察其是否符合国家的方针政策，同时分析项目建设条件是否具备，该阶段主要是对项目必要性和可行性进行考察和分析；可行性研究报告是项目建设前期的重要工作内容，是以批准的项目建议书为基础，通过对项目的主要内容和配套条件，进行调查研究和分析比较，并对项目建成以后可能取得的财务、经济效益及社会影响进行预测，从而提出该项目是否值得投资和如何进行建设的咨询意见，为项目决策提供依据的一种综合性的分析方法。

通过上述分析可以发现，项目建议书是围绕项目的必要性进行分析研究；可行性研究是围绕项目的可行性进行分析研究，必要时还需对项目的必要性进一步论证。编制项目建议书是在机会研究的基础上，对项目方案的技术、经济条件进一步论证。可行性研究是在项目建议书的基础上，通过与项目有关的资料、数据的调查研究，对项目的技术、经济、工程、环境等进行最终论证和分析预测。由于这两个阶段掌握资料的翔实程度不相同，所依据的内容不同，所以应该分阶段制定不同的绩效目标。

二　政府投资基本建设项目绩效目标的分类

本书通过与相关专家进行协商讨论，认为在项目决策阶段的不同时期需要制定不同的绩效目标，用以指导项目后期的绩效评价工作。最终决定按制定绩效目标时间的先后顺序将政府投资基本建设项目绩效目标划分为三类：A 类绩效目标、B 类绩效目标和 C 类绩效目标。其中，项目建议书编制阶段必须考虑 A 类绩效目标，宜考虑 B 类绩效目标；可行性研究阶段必须考虑 A 类绩效目标和 B 类绩效目标，宜考虑 C 类绩效目标。

结合表 4 -1 和表 4 -2 中相应绩效目标权重值，本书最终确定 A、B、C 三类绩效目标。其中 A 类目标包括：使用者好评率、项目安全性能达标、居民收入增长系数、单位投资就业效果、绿化率、安全资金投入率、工程年维修次数、消防资金投入率、产品或服务价格合理；B 类目标包括：工程完工准时性、劳动生产率贡献度、劳动生产率、投资回收期、设计技术标准达标、相关手续完备性、资金投入到位率、资金投入及时率、资金流量比率、经济内部收益率、环保投资投入率、单位面积耗水量、昼夜防噪声处理达标、安全防护用具到位率、资源投入及时率、资源投入到位率；C 类目标包括：材料质量达标率、设备质量达标率、资本金比例、事故发生率、经济服务寿命期、物理服务寿命期、财产损失率、投资强度、年维护费率、月运营管理费率。

三　确定绩效目标体系层次

在划分完绩效目标的阶段性目标之后，依据项目绩效目标的分类情况对绩效目标层次进行划分，具体情况如图 4 -2 所示。

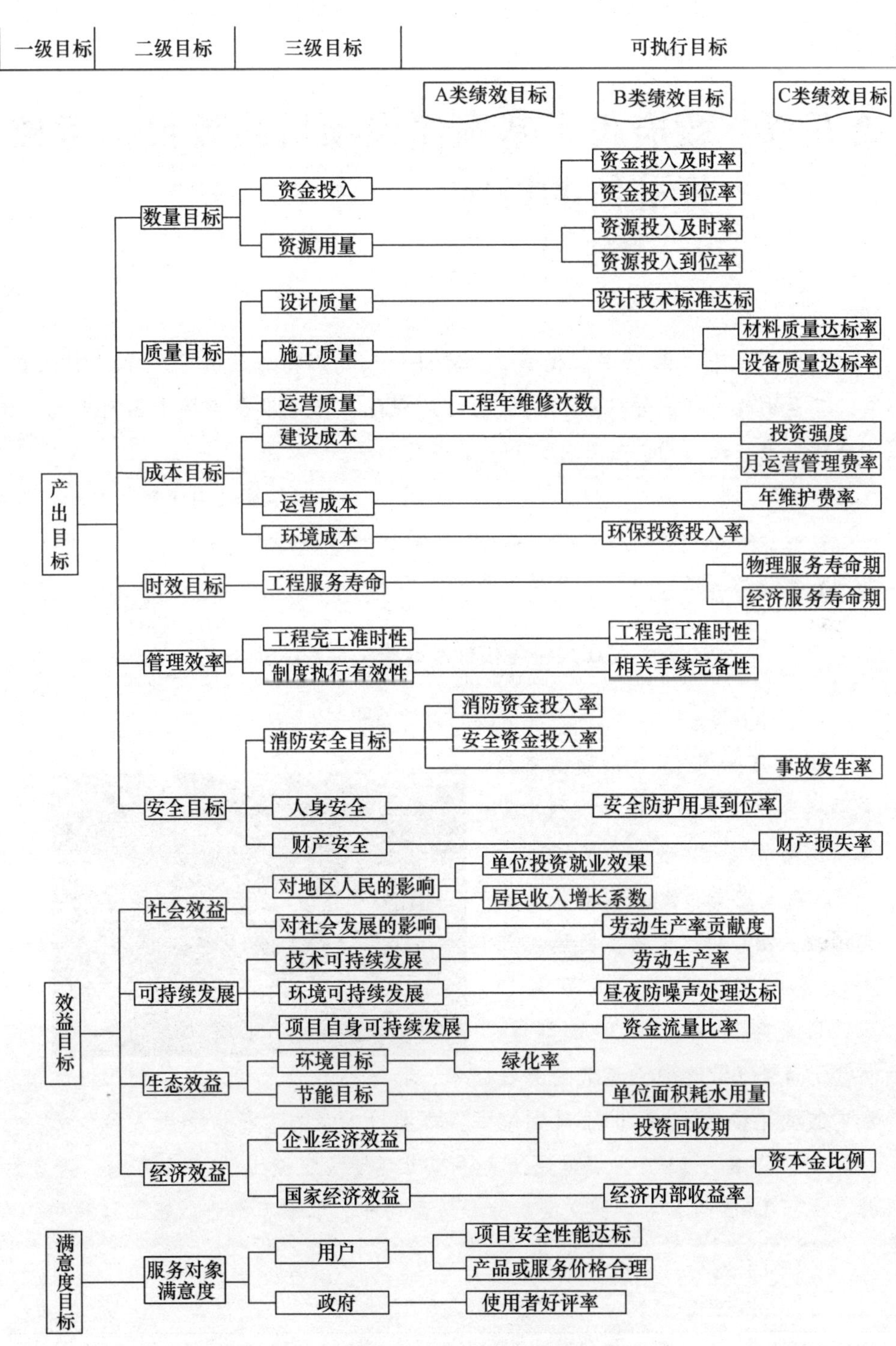

图4－2　政府投资基本建设项目阶段

第五章　政府投资基本建设项目绩效目标考核标准值的设定

如何理解“标准”两个字，我有三个看法：一是厂商自己弄了一个“自娱自乐”的标准；二是由政府相应管理机构制定的行业规范；三是谁在市场上占有率高，谁就形成了事实标准，比如QQ在国内就是一个事实标准。

——雅虎公司中国区总裁周鸿祎①

引文：

堤溪沱江大桥考核标准缺失造成巨大损失

一、事故简介

2007年8月13日，湖南省凤凰县堤溪沱江大桥在施工过程中发生坍塌事故（见右图），造成64人死亡、4人重伤、18人轻伤，直接经济损失3974.7万元。堤溪沱江大桥全长328.45米，桥面宽13米，桥墩高33米，设39/6纵坡，桥型为4孔65米跨径等截面悬链线空腹式无铰拱桥。

2007年8月13日，堤溪沱江大桥施工现场7支施工队、15名施工人员正在进行1—3号孔主拱圈支架拆除和桥面砌石、填平等作业。施工过程中，

① 周鸿祎，男，1970年出生，360公司董事长、知名天使投资人。1992年，大学本科毕业于西安交通大学电信学院计算机系，获学士学位。1995年始，就职于方正集团。2004年3月，就任雅虎中国总裁。2006年8月，投资奇虎360科技有限公司，出任奇虎360董事长。2011年3月30日，带领奇虎360在美国纽交所上市。2015年2月11日，周鸿祎荣获“2014中国互联网年度人物”。2016年1月15日，周鸿祎当选北京知识产权保护协会第三届理事长。

随着拱上荷载的不断增加，1号孔拱圈受力较大的多个断面逐渐接近和达到极限强度，出现开裂、掉渣，接着掉下石块。最先达到完全破坏状态的0号桥台侧2号腹拱下方的主拱断面裂缝不断张大下沉，下沉量最大的断面右侧拱段（1号墩侧）带着2号横墙向0号台侧倾倒，通过2号腹拱挤压1号腹拱，因1号腹拱为三铰拱，承受挤压能力最低而迅速破坏下塌。受连拱效应影响，整个大桥迅速向0号台方向坍塌，坍塌过程持续了大约30秒。

二、原因分析

1. 直接原因

堤溪沱江大桥主拱圈砌筑材料不满足规范和设计要求，拱桥上部构造施工工序不合理，主拱圈砌筑质量差，降低了拱圈砌体的整体性和强度。随着拱上施工荷载的不断增加，造成1号孔主拱圈靠近0号桥台一侧拱脚区段砌体强度达到破坏极限而崩塌，受连拱效应影响最终导致整座桥坍塌。

2. 间接原因

（1）施工单位严重违反有关桥梁建设的法律法规及技术标准，施工质量控制不力，现场管理混乱。一是项目经理部未经设计单位同意，擅自与业主单位商议变更原主拱圈施工方案，并且未严格按照设计要求的主拱圈砌筑方式进行施工。二是项目经理部未配备专职质量监督员和安全员，未认真落实整改监理单位多次指出的严重工程质量和安全生产隐患；主拱圈施工不符合设计和规范要求的质量问题突出；主拱圈施工各环在不同温度无序合龙，造成拱圈内产生附加的永存的温度应力，削弱了拱圈强度。

（2）监理单位违反有关规定，未能依法履行工程监理职责。一是现场监理对施工单位擅自变更原主拱圈施工方案，未予以坚决制止。在主拱圈施工关键阶段，监理人员投入不足，有关监理人员对发现施工质量问题督促整改不力。不仅未向有关主管部门报告，还在主拱圈砌筑完成但拱圈强度资料尚未测出的情况下，即在验收砌体质检表、检验申请批复单、施工过程质检记录表上签字验收合格。二是对现场监理管理不力。派驻现场的技术人员不足，半数监理人员不具备执业资格。

三、专家点评

这是一起由于擅自变更施工方案而引发的生产安全责任事故。这起事故的发生，暴露了该项目的建设、施工、监理单位等相关责任主体不认真履行相关的安全责任和义务，没有按照国家法律法规和工程建设的质量安全标准、规范、规程等进行建设施工。工程建设参建各方应认真贯彻落实《中华人民共和国建筑法》等法律、法规，严格执行质量规程、规范和标准，认真落实建设各方安全生产主体责任。

由此事故我们可以知道建筑项目在实施过程中遵守标准，规范的重要性。在项目实施之前，必须准确设定项目考核的标准，并在实施过程中严格遵守，避免类似事故的发生。同样，在对政府投资基本建设项目的绩效目标进行考核时，也必须先确定绩效目标的考核标准，从而才能判断绩效目标完成到什么程度。

资料来源：住房和城乡建设部．建筑施工安全事故案例分析［M］．北京：中国建筑工业出版社，2010.

绩效考核就是对照绩效目标值来判断政府投资基本建设项目实际绩效达到什么程

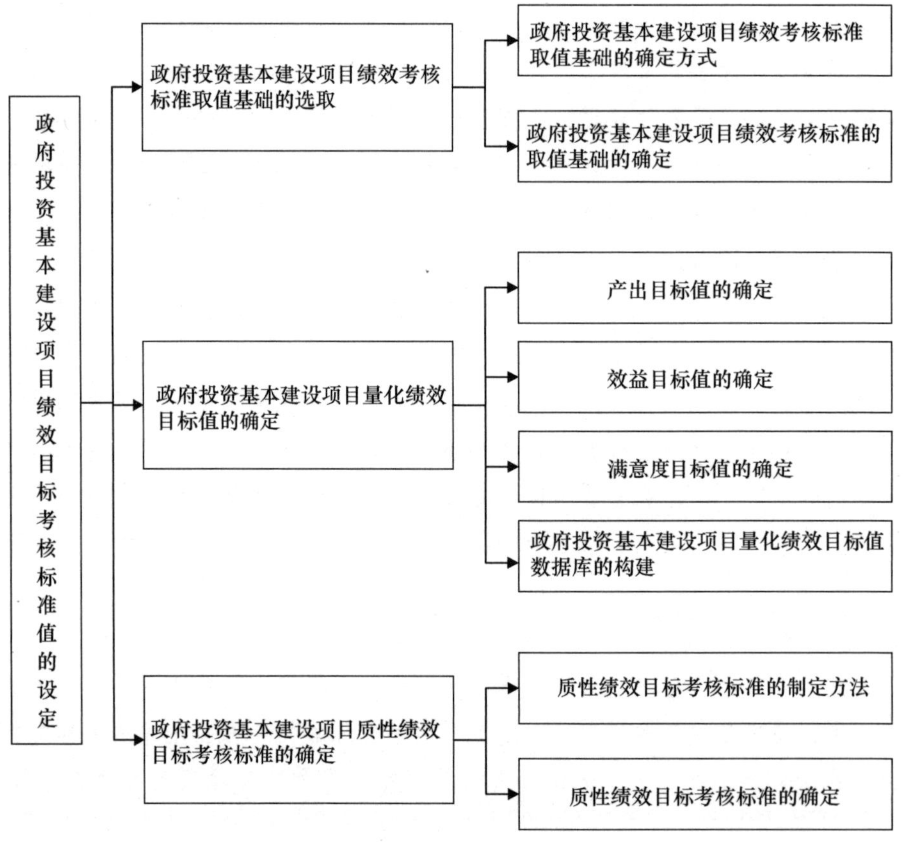

图5－0　本章结构

度，绩效目标完成到什么程度，最后再做出综合性的评价。政府投资基本建设项目绩效目标考核标准同企业绩效目标考核标准存在一致性，企业绩效目标考核标准包括绩效目标值和考核标准系数。因此，本书将仿照企业绩效目标考核标准构建政府投资基本建设项目绩效考核标准，分别从绩效考核标准的选择、量化绩效目标值确定、质性绩效目标考核标准的确定三个方面进行研究。

本章结构如图 5－0 所示。

第一节　政府投资基本建设项目绩效考核标准取值基础的选取

一　政府投资基本建设项目绩效考核标准取值基础的确定方式

本书依照财政局 2014 年课题项目《政府投资基本建设项目绩效评价指标体系优化及评价标准和方法研究》绩效评价标准的划分原则将政府投资基本建设项目绩效考核标准取值基础也划分为规范性和参照性两种类型。其中规范性标准是指得到国家有关部门审批和备案的标准，可细分为国家标准、地方标准、企业标准和行业标准；参照性标准主要是通过经验或者历史数据获得标准，不需要审批或备案，可细分为标杆标准、历史标准、计划标准、经验标准。

本书采用两阶段选择绩效考核标准的方式：首先判断绩效目标是否符合规范性标准的内容，对于符合规范性标准的绩效目标按照企业、行业、地方、国家的顺序依次筛选符合要求的绩效考核标准。其次，对于不符合规范性标准的绩效目标，结合绩效目标本身的性质，按照参照性标准的要求制定绩效考核标准，选取的原则一般为：(1) 若绩效目标与项目成本或进度有关，则采用计划标准；(2) 若绩效目标与已完成项目的历史数据有关系，则采用历史标准；(3) 若绩效目标需要考虑行业内先进企业所设定的绩效目标，则采用标杆标准；(4) 当缺乏资料且无法参照上述三种标准时，则采用经验标准，根据从事过政府投资基本建设项目绩效评价工作的专家的意见，制定绩效考核标准。绩效考核标准取值基础的确定方式如图 5－1 所示。

二　政府投资基本建设项目绩效考核标准的取值基础的确定

本书在综合考虑绩效考核标准取值基础选取原则的基础上，根据绩效考核取值基础的研究思路，选择各个绩效目标的绩效考核取值基础。政府投资基本建设项目绩效目标体系主要包括产出目标、效益目标和满意度目标三个方面绩效目标，最终确定各个阶段绩效目标的考核标准取值基础如表 5－1 所示。

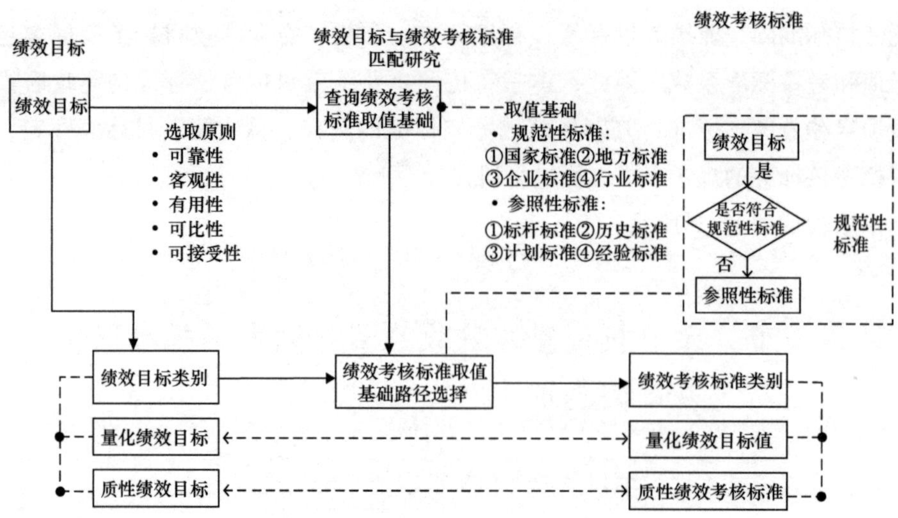

图 5－1　政府投资基本建设项目绩效考核标准取值基础的确定方式

表 5－1　**政府投资基本建设项目绩效考核标准取值基础**

一级目标	二级目标	三级目标	可执行目标	目标说明	绩效考核标准取值基础
产出目标	数量目标	资金投入	资金投入及时率	及时到位财政资金/应到位财政资金 ×100%	标杆标准
			资金投入到位率	财政资金实际到位总额/财政资金计划投入总额 ×100%	
		资源用量	资源投入及时率	及时到位资源/应到位资源 ×100%	标杆标准
			资源投入到位率	资源实际到位数量/计划投入资源数量 ×100%	
	质量目标	设计质量	设计技术标准达标	是否符合设计技术质量标准的要求	国家标准、地方标准
		施工质量	材料质量达标率	质量达标材料数/实际材料数 ×100%	企业标准
			设备质量达标率	质量达标设备数/实际设备数 ×100%	企业标准
		运营质量	工程年维修次数	工程维修次数/工程使用年限	国家标准
	成本目标	建设成本	投资强度	项目固定资产总投资/项目总用地面积	标杆标准
		环境成本	环保资金投入率	环保投资/项目总投资 ×100%	历史标准

续表

一级目标	二级目标	三级目标	可执行目标	目标说明	绩效考核标准取值基础
产出目标	成本目标	运营成本	月运营管理费率	月运营管理费用/建筑面积×100%	计划标准
			年维护费率	年维护费用/建设成本×100%	计划标准
	时效目标	工程服务寿命	物理服务寿命期	工程是否在设计寿命内完成	
			既定服务	国家标准、地方标准、经验标准	
			经济服务寿命期	维修价值/重建价值<1	历史标准
	管理效率	工程完工准时性	工程完工准时性	实际完工时间/应完工时间×100%	计划标准
		制度执行有效性	相关手续完备性	项目调整及支出调整手续是否完备	国家标准、地方标准
	安全目标	消防安全目标	消防资金投入率	消防投入资金/建安费×100%	历史标准
			安全资金投入率	安全文明施工费/建安费×100%	国家标准
			事故发生率	事故发生数量/全部事故发生数量×100%	国家标准
		人身安全	安全防护用具到位率	已到位安全防护用具数量/应到位安全防护用具数量×100%	经验标准
		财产安全	财产损失率	损失财产金额/总金额×100%	经验标准
效益目标	社会效益	对地区人民的影响	单位投资就业效果	新增总就业人数/项目总投资	经验标准
			居民收入增长系数	项目当地居民收入增加额/居民项目建设前的收入总额	标杆标准
		对社会发展的影响	劳动生产率贡献度	[（有公共项目时的劳动生产率－无公共项目时的劳动生产率）/有公共项目时的劳动生产率]×100%	经验标准
	可持续发展	技术可持续发展	劳动生产率	建设项目总价值/全部施工人员平均值×100%	经验标准
		环境可持续发展	昼夜防噪声处理达标	昼夜噪声处理是否符合国家标准	国家标准
		项目自身可持续发展	资金流量比率	经营活动产生的现金净流量/期末流动负债	经验标准
	生态效益	环境目标	绿化率	绿化植物垂直投影面积/项目建设用地总面积×100%	国家标准、地方标准
		节能目标	单位面积耗水量	总消耗水量/建筑面积	标杆标准

续表

一级目标	二级目标	三级目标	可执行目标	目标说明	绩效考核标准取值基础
效益目标	经济效益	国家经济效益	经济内部收益率	项目计算期内经济净现值累计等于零的折现率	经验标准
		企业经济效益	资本金比例	自有资金/项目总投资	国家标准企业经济
		效益	投资回收期	动态投资回收期 =（累计净现金流量现值出现正值的年数 -1）+上一年累计净现金流量现值的绝对值/出现正值年份净现金流量的现值；静态投资回收期 =（累计净现金流量出现正值的年数 -1）+上一年累计净现金流量的绝对值/出现正值年份净现金流量	经验标准
满意度目标	服务对象满意度	用户	项目安全性能达标	项目的安全性能是否符合相关规定	企业标准产品或服务价格
			合理	产品或服务价格是否在合理范围内	历史标准、经验标准、标杆标准
		政府	使用者好评率	好评总人数/使用者总人数 ×100%	历史标准、标杆标准

第二节　政府投资基本建设项目量化绩效目标值的确定

设置科学合理的政府投资基本建设项目绩效目标是绩效评价工作能够顺利实施的重要保障，是引导政府投资基本建设项目参与者围绕绩效目标开展工作的重要手段。政府投资基本建设项目绩效考核标准的制定要综合考虑项目自身的特点和其内部外部的影响因素，采取科学有效的方法设置绩效考核标准，并规定绩效目标任务，设置绩效目标任务应该具有一定的挑战性，激励被评价对象努力工作，同时亦不能脱离具体的实际情况。本书将量化绩效目标考核标准界定为绩效目标值，主要是阐述政府投资基本建设项目期望达到的绩效水平，将绩效目标与项目实际情况紧密联系，通过量化或者易于判断完成程度的方式呈现。

为确定政府投资基本建设项目绩效目标值，本书主要分为两部分，一是基于规范性标准确定绩效目标值：根据表 5 -1 中所选定的绩效考核标准取值的基础，若绩效目标的考核标准基础隶属于规范性标准，则通过国家、行业、地方等标准规范确定绩效目标值。二是基于参照性标准确定绩效目标值：根据表5-1中所选定的绩效考核标准取值的基础，若绩效目标的考核标准基础隶属于参照性标准，则通过标杆、经验、历史等标准规范确定绩效目标值，并综合考虑项目的具体实际情况。本书所研究的绩效目标值对象为政府投资基本建设项目绩效三级目标所对应的可执行目标。

一　产出目标值的确定

（一）基于规范性标准确定的绩效目标值

基于规范性标准确定绩效目标值的原则主要是通过国家、行业、地方以及企业不同层级的法律法规或是政策性文件的查找，并且结合政府投资基本建设项目“重社会效益、轻经济效益”的本质，确定绩效目标值。

1. 工程年维修次数

对于此目标的评价国家相关法律法规或政策性文件有较为明确的规定，适用于国家标准，如《房屋建筑工程质量保修办法》。此文件对于房屋建筑工程的最低保修期限规定如图5-2所示。本书将工程年维修次数的绩效目标值定为0，随着工程使用时间增长而逐步增长。

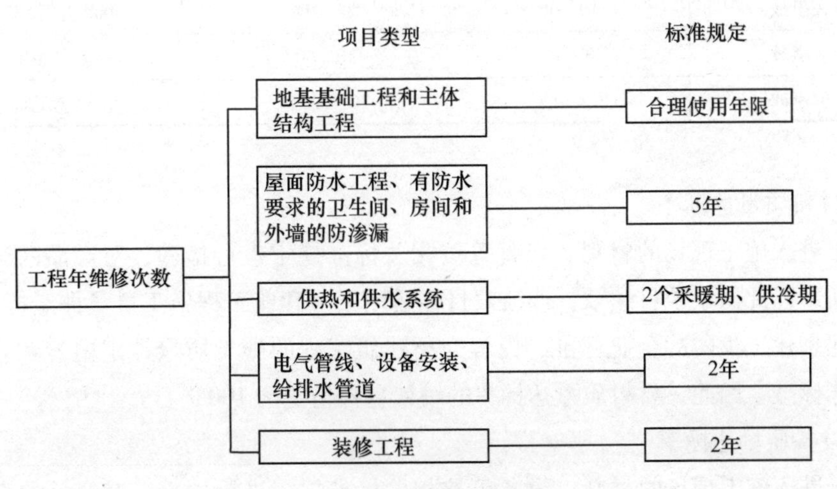

图5-2　工程最低保修期限标准规定

2. 安全资金投入率

对于此目标的评价国家相关法律法规或政策性文件有较为明确的规定，适用于国家标准，如《企业安全生产费用提取和使用管理办法》。此文件对于建设工程类别安全费用提取标准规定如图5-3所示。

3. 事故发生率

此目标适用于国家标准，如《生产安全事故报告和调查处理条例》，根据此文件本

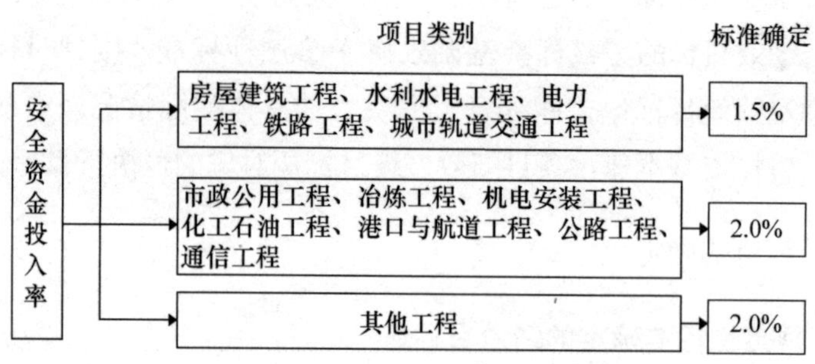

图 5－3 安全费用提取标准规定

书依据事故等级反映事故发生率，具体如表 5－2 所示。本书确定事故发生率为 0，随着事故等级的提升，事故发生率提升。

表 5－2 **事故发生率**

事故等级	死亡人数	重伤人数	直接经济损失
特别重大事故	30 人以上	100 人以上	1 亿元以上
重大事故	10—30	50—100	5000 万—1 亿元
较大事故	3—10	10—50	1000 万—5000 万元
一般事故	3 人以下	10 人以下	1000 万元以下

4. 材料质量达标率

对于进入施工现场的材料、设备等按相关标准规定进行检验，对产品的合格与否做出判断，以此衡量项目绩效，该绩效目标适用于《建筑工程施工质量评定标准》，该标准是北京建工集团的企业标准，内容介绍建筑工程的施工质量评定内容和合格、优良的具体标准。因此，材料质量达标率的绩效目标值定为 100%。

5. 设备质量达标率

对于进入施工现场的材料、设备等按相关标准规定进行检验，对产品的合格与否作出判断，以此衡量项目绩效，该绩效目标适用于《建筑工程施工质量评定标准》，该标准是北京建工集团的企业标准，内容介绍建筑工程的施工质量评定内容和合格、优良的具体标准。因此，设备质量达标率的绩效目标值定为 100%。

通过汇总得到产出目标中基于规范性标准的绩效目标值如表 5－3 所示。

表5－3　　基于规范性标准确定的产出绩效目标值

序号	绩效目标	绩效目标值	目标值类型	取值基础	来源
1	工程年维修次数	0	越小越好	国家标准	《房屋建筑工程质量保修办法》中华人民共和国建设部令第80号
2	安全资金投入率	①房屋建筑工程2% ②市政公用工程1.5% ③其他2%	越大越好	国家标准	《企业安全生产费用提取和使用管理办法》（财企〔2012〕16号）
3	事故发生率	0	越低越好	国家标准	《生产安全事故报告和调查处理条例》493号令
4	材料质量达标率	100%	越大越好	企业标准	《建筑工程施工质量评定标准》
5	设备质量达标率	100%	越大越好	企业标准	《建筑工程施工质量评定标准》

（二）基于参照性标准确定的绩效目标值

1. 基于标杆标准确定的绩效目标值

这类绩效目标的考核较为适用于标杆标准，因为规范性标准中对此类绩效目标未进行明确的规定，因此本书选取参照性标准中的标杆标准作为目标绩效考核取值基础。主要包括投资强度、资金投入及时率、资金投入到位率、资源投入及时率、资源投入到位率。本书综合考虑数据的时效性和标杆项目的运营情况两方面因素，首先通过收集时间点较近的数据，确保数据价值的有效性，其次选取同行业中领先的项目作为标杆项目，并结合待考核绩效目标的具体情况，选取相应的绩效目标值。① 最终，确定"投资强度"的绩效目标值为：（1）医疗卫生设施（0.16万元/平方米）；（2）行政办公实施用地（0.57万元/平方米）；（3）其他（0.60万元/平方米），"资金投入及时率""资金投入到位率""资源投入及时率""资源投入到位率"的绩效目标值均为100%。

2. 基于历史标准确定绩效目标值

这类绩效目标的考核较为适用于历史标准，主要包括消防资金投入率、环保资金投入率、经济服务寿命期，因为规范性标准中对此类绩效目标未进行明确的规定，因此本书选取参照性标准中的历史标准作为指标的评价标准取值基础。本书的样本数据来源为相关项目的绩效目标的历史数据（一般为最近两年），② 运用科学合理的计算方

① 童宇鹏．标杆管理对公共项目管理绩效的改善研究［D］．天津：天津理工大学，2006.

② 刘俊勇，孙薇．企业业绩评价与激励机制：战略执行的观点［M］．北京：中信出版社，2007.

法计算出的各类绩效目标值的平均历史水平。最终，本书确定“消防资金投入率”的绩效目标值是2%，“环保资金投入率”的绩效目标值是5%，“经济服务寿命期”的绩效目标值为1。

3. 基于计划标准确定绩效目标值

这类绩效目标的考核适用于计划标准，主要包括月运营管理费率、年维护费率、工程完工准时性。本书根据绩效目标内容选择5—10个同类型项目作为研究对象，求出样本数据的平均值作为绩效目标值。① 最终，本书确定“月运营管理费率”的绩效目标值为60%，“年维护费率”的绩效目标值为15%，“工程完工准时性”的绩效目标值为100%。

4. 基于经验标准确定绩效目标值

这类绩效目标的考核适用于经验标准，主要包括安全防护用具到位率、财产损失率。本书通过专家访谈和问卷调查的方式建立经验标准。② 最终，确定“安全防护用具到位率”的绩效目标值为100%、“财产损失率”的绩效目标值为2%。

通过汇总得到产出目标中基于参照性标准的绩效目标值，如表5－4所示。

表5－4 **基于参照性标准确定的产出绩效目标值**

序号	绩效目标	绩效目标值	目标值类型	取值基础
1	投资强度	（1）医疗卫生设施（0.16万元/平方米） （2）行政办公实施用地（0.57万元/平方米） （3）其他（0.60万元/平方米）	越大越好	标杆标准
2	资金投入到位率	100%	越大越好	标杆标准
3	资金投入及时率	100%	越大越好	标杆标准
4	资源投入到位率	100%	越大越好	标杆标准
5	资源投入及时率	100%	越大越好	标杆标准
6	消防资金投入率	2%	越大越好	历史标准
7	环保资金投入率	5%	越大越好	历史标准
8	经济服务寿命期	1	越大越好	历史标准
9	月运营管理费率	60%	越小越好	计划标准
10	年维护费率	15%	越小越好	计划标准
11	工程完工准时性	100%	越大越好	计划标准
12	安全防护用具到位率	100%	越大越好	经验标准
13	财产损失率	2%	越小越好	经验标准

① 郭勇．建设建设项目集成管理及其绩效评价研究［D］．西安：西安建筑科技大学，2006.

② 陈媛媛．高校工程项目绩效评价研究［D］．武汉：武汉理工大学，2006.

二　效益目标值的确定

(一) 基于规范性标准确定的绩效目标值

1. 昼夜防噪声处理达标

对于该绩效目标在《建筑施工场界环境噪声排放标准》(GB 12523—2011) 中具有明确的规定，因此，该绩效目标适用于国家标准，“噪声排放标准限值”的评价标准值昼间是70dB，夜间是55dB。

2. 绿化率

对于该绩效目标在《天津市绿化条例》中具有明确的规定，因此，该绩效目标适用于地方标准，此文件对“绿化率”的规定如图5-4所示。

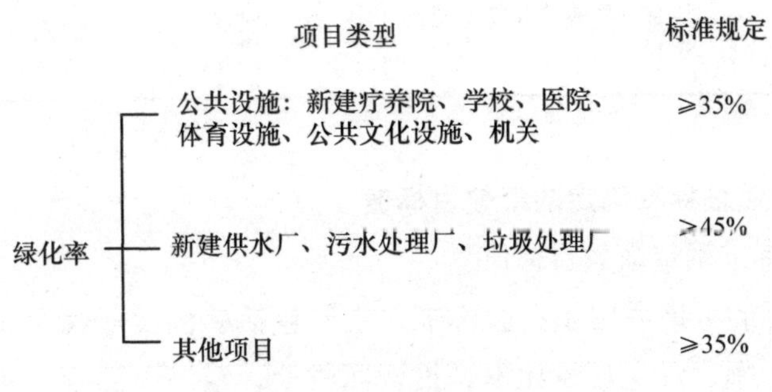

图5-4　绿化率标准规定

3. 资本金比例

对于该绩效目标在《国务院关于调整固定资产投资项目资本金比例的通知》国发〔2009〕27号中有明确规定，因此，该绩效目标适用于国家标准，此文件中对“资本金比例”的规定如图5-5所示。

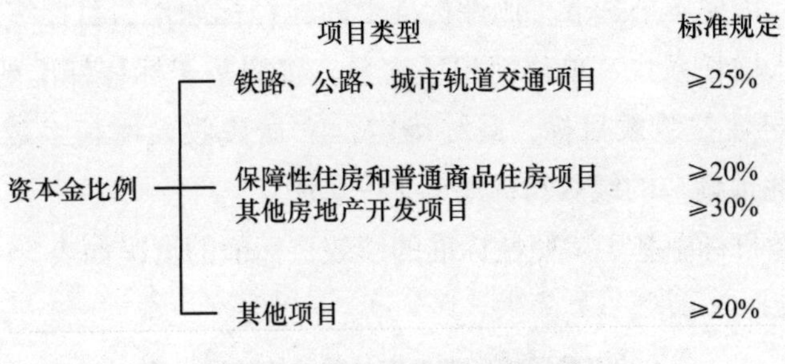

图5-5　资本金比例标准规定

汇总得到效益目标中基于规范性标准的绩效目标值的情况如表5-5所示。

表 5－5　　基于规范性标准确定的效益绩效目标值

序号	绩效目标	绩效目标值	目标值类型	取值基础	来源
1	噪声排放标准限值	白天≤70dB； 晚上≤55dB	越低越好	国家标准	《建筑施工场界环境噪声排放标准》
2	绿化率	(1) 公共设施的：35%； (2) 污水处理厂和垃圾处理厂：45%； (3) 其他35%	越高越好	地方标准	《天津市绿化条例》
3	资本金比例	(1) 铁路、公路、城市轨道交通项目：25%； (2) 保障性住房和普通商品住房项目：20%，其他房地产开发项目：30%； (3) 其他项目的最低资本金比例：20%	越高越好	国家标准	《国务院关于调整固定资产投资项目资本金比例的通知》国发〔2009〕27号

（二）基于参照性标准确定的绩效目标值

1. 基于经验标准确定绩效目标值

这类绩效目标的考核适用于经验标准，主要包括单位投资就业效果、劳动生产率贡献度、劳动生产率、资金流量比率、投资回收期、经济内部收益率。本书按照基于经验标准的产出绩效目标值的确定原则，确定效益绩效目标，得到“单位投资就业效果”的绩效目标值为 0.5%、“劳动生产率贡献度”的绩效目标值为（0—1）、“劳动生产率”的绩效目标值为35%、“资金流量比率”的绩效目标值为大于1、“投资回收期”绩效目标值为小于等于 5 年、“经济内部收益率”的绩效目标值为大于等于 8%。

2. 基于标杆标准确定的绩效目标值

这类绩效目标的考核较为适用于标杆标准，因为规范性标准中对此类绩效目标未进行明确的规定，因此本书选取参照性标准中的标杆标准作为目标绩效考核取值基础。主要包括居民收入增长系数、单位面积耗水量。按照基于标杆标准的产出绩效目标值的确定原则，确定效益绩效目标，最终确定，“居民收入增长系数”的绩效目标值5%、“单位面积耗水量”的绩效目标值为13—15。

汇总得到效益目标中基于参照性标准的绩效目标值的情况如表 5－6 所示。

表 5－6　　基于参照性标准确定的效益绩效目标值

序号	绩效目标	绩效目标值	目标值类型	取值基础
1	单位投资就业效果	0.5%	越大越好	经验标准

续表

序号	绩效目标	绩效目标值	目标值类型	取值基础
2	劳动生产率贡献度	0—1	基本值	经验标准
3	劳动生产率	35%	越大越好	经验标准
4	资金流量比率	大于1	越大越好	经验标准
5	投资回收期	小于等于5年	越小越好	经验标准
6	经济内部收益率	大于等于8%	越大越好	经验标准
7	居民收入增长系数	5%	越大越好	标杆标准
8	单位面积耗水量	13—15	基准值	标杆标准

三　满意度目标值的确定

政府投资基本建设项目量化满意度目标仅包括"使用者好评率"，该绩效目标适用于历史标准和标杆标准。本书通过近两年的天津市已完政府投资基本建设项目的标杆项目的相关资料，最终确定"使用者好评率"的绩效目标值为90%，该绩效目标值为最低值。

四　政府投资基本建设项目量化绩效目标值数据库的构建

根据上述的分析，本书得到政府投资基本建设项目量化绩效目标值如表5－7所示。

表5－7　　政府投资基本建设项目量化绩效目标值数据库

一级目标	二级目标	三级目标	可执行目标	目标说明	取值基础	绩效目标值
产出目标	数量目标	资金投入	资金投入及时率	及时到位财政资金/应到位财政资金×100%	标杆标准	100%
			资金投入到位率	财政资金实际到位总额/财政资金计划投入总额×100%		100%
		资源用量	资源投入及时率	及时到位资源/应到位资源×100%	标杆标准	100%
			资源投入到位率	资源实际到位数量/计划投入资源数量×100%		100%
	质量目标	施工质量	材料质量达标率	质量达标材料数/实际材料数×100%	企业标准	100%
			设备质量达标率	质量达标设备数/实际设备数×100%	企业标准	100%
		运营质量	工程年维修次数	工程维修次数/工程使用年限	国家标准	0

续表

一级目标	二级目标	三级目标	可执行目标	目标说明	取值基础	绩效目标值
产出目标	成本目标	建设成本	投资强度	项目固定资产总投资/项目总用地面积	标杆标准	(1) 医疗卫生设施 (0.16 万元/m^2) (2) 行政办公设施用地 (0.57 万元/m^2) (3) 其他 (0.60 万元/m^2)
		运营成本	月运营管理费率	月运营管理费用/建筑面积×100%	计划标准	60%
			年维护费率	年维护费用/建设成本×100%	计划标准	15%
		环境成本	环保资金投入率	环保投资/项目总投资×100%	历史标准	5%
	时效目标	工程服务寿命	经济服务寿命期	维修价值/重建价值<1	历史标准	1
	管理效率	工程完工准时性	工程完工准时性	实际完工时间/应完工时间×100%	计划标准	100%
	安全目标	消防安全目标	消防资金投入率	消防投入资金/建安费×100%	历史标准	2%
			安全资金投入率	安全文明施工费/建安费×100%	国家标准	(1) 房屋建筑工程 2% (2) 市政公用工程 1.5% (3) 其他 2%
			事故发生率	事故发生数量/全部事故发生数量×100%	国家标准	0
		人身安全	安全防护用具到位率	已到位安全防护用具数量/应到位安全防护用具数量×100%	经验标准	100%
		财产安全	财产损失率	损失财产金额/总金额×100%	经验标准	2%
效益目标	社会效益	对地区人民的影响	单位投资就业效果	新增总就业人数/项目总投资	经验标准	0. 5%
			居民收入增长系数	项目当地居民收入增加额/居民项目建设前的收入总额	标杆标准	5%
		对社会发展的影响	劳动生产率贡献度	[(有公共项目时的劳动生产率-无公共项目时的劳动生产率)/有公共项目时的劳动生产率]×100%	经验标准	0—1

续表

一级目标	二级目标	三级目标	可执行目标	目标说明	取值基础	绩效目标值
效益目标	可持续发展	技术可持续发展	劳动生产率	建设项目总价值/全部施工人员平均值×100%	经验标准	35%
		环境可持续发展	昼夜防噪声处理达标	昼夜噪声处理是否符合国家标准	国家标准	白天≤70dB； 晚上≤55dB
		项目自身可持续发展	资金流量比率	经营活动产生的现金净流量/期末流动负债。	经验标准	大于1
	生态效益	环境目标	绿化率	绿化植物垂直投影面积/项目建设用地总面积×100%	国家标准、地方标准	（1）公共设施的：35%； （2）污水处理厂和垃圾处理厂：45%； （3）其他35%
		节能目标	单位面积耗水量	总消耗水量/建筑面积	标杆标准、经验标准	13—15
	经济效益	企业经济效益	资本金比例	自有资金/项目总投资	国家标准	（1）铁路、公路、城市轨道交通项目：25%； （2）保障性住房和普通商品住房项目：20%，其他房地产开发项目：30%； （3）其他项目的最低资本金比例：20%
			投资回收期	（1）动态投资回收期=（累计净现金流量现值出现正值的年数-1）+上一年累计净现金流量现值的绝对值/出现正值年份净现金流量的现值； （2）静态投资回收期=（累计净现金流量出现正值的年数-1）+上一年累计净现金流量的绝对值/出现正值年份净现金流量	经验标准	小于等于5年
		国家经济效益	经济内部收益率	项目计算期内经济净现值累计等于零的折现率	经验标准	大于等于8%
满意度目标	服务对象满意度	政府	使用者好评率	好评总人数/使用者总人数×100%	历史标准、标杆标准	90%

第三节　政府投资基本建设项目质性绩效目标考核标准的确定

一　质性绩效目标考核标准的制定方法

质性绩效目标考核标准是对质性绩效目标完成情况进行客观分析，一般是根据质性绩效目标的内容和性质，结合政府投资基本建设项目的价值取向，从抽象角度反映质性绩效目标各个方面的要求。质性绩效目标不同于量化绩效目标，其具有一定的主观性，在评价其完成程度时容易受到评价人员的知识、能力、经验等方面的影响。鉴于此，本书将从以下几个方面制定质性绩效目标的考核标准：

（1）规范性标准规定。对于某些程序性绩效目标，可以依据国家标准、行业标准等规范性标准规定的内容进行设定。

（2）专家判断。相关专家可以依据自己的实际经验，结合政治经济发展的背景，参照已完工的类似项目，对有关绩效目标的完成情况做出判断。

（3）问卷调查。对于涉及产品或者服务价格合理等绩效目标，可以通过问卷调查的方式建立绩效目标考核标准。

二　质性绩效目标考核标准的确定

质性绩效目标考核标准是对质性绩效目标完成情况进行客观分析，一般是根据质性绩效目标的内容和性质，结合政府投资基本建设项目的价值取向，从抽象角度反映质性绩效目标各个方面的要求。质性绩效目标不同于量化绩效目标，其具有一定的主观性，在评价其完成程度时容易受到评价人员的知识、能力、经验等方面的影响。政府投资基本建设项目质性绩效目标的考核标准的确定对象是三级绩效目标，共五项绩效目标，其中产出目标包括设计技术标准达标、物理服务寿命期、相关手续完备性；满意度目标包括项目安全性能达标、产品或服务价格合理。质性绩效目标考核标准主要根据本书已经确定的制定方案并结合政府投资基本建设项目质性绩效目标的特点确定，具体情况如表 5 – 8 所示。

表5-8　**政府投资基本建设项目质性绩效目标考核标准**

一级目标	二级目标	三级目标	考核标准	取值标准	来源
产出目标	设计质量	设计技术标准达标	(1) 场地设计：①建筑地基应符合项目所在地的城市规划要求；②建筑地基审批程序齐全；③建筑突出物和建筑红线按规划设计规定；④建筑高度应符合规划部门有关规定；⑤建筑容量控制应符合相关要求；⑥建筑用地控制符合要求。 (2) 场地总体环境、布局和平面设计：①项目场地总体环境设计应该以城市规划要求和相关部门的环境要求为依据；②项目总体布局，应符合相应的建筑设计通则规定，对建筑总面积使用功能的布局、道路、绿化、环境和景观等进行建筑总图综合的场地设计，并报相关部门审批；③建筑总平面布局与间距应该符合防火、日照、采光、通风等建筑设计规范和规定；④总平面道路系统应该有利于场地功能分区和建筑布局有机联系；⑤因地制宜地布置绿化。 (3) 个体设计：①根据建筑物作用，综合考虑建筑的经济、社会和环境效益；②满足安全使用和安全防伪的要求；③注重生态观念；④考虑未来提高和改造的可能。	国家标准、地方标准	《北京市建筑设计技术细则（建筑工程）》《工程建设标准设计管理规定》
	工程服务寿命	物理服务寿命期	(1) 建筑物在合理使用寿命内，必须确保地基工程和主体结构质量。 (2) 满足各方面需求：①用户，项目产品价格、服务、安全性；②投资者：投资回报率；③业主：工期、功能、造价；④政府：改善形象，就业；⑤周围组织：拆迁安置或赔偿。 (3) 与环境协调：政治环境、经济环境、市场环境、法律环境、自然环境等其他方面环境。 (4) 可持续发展：①对地区或城市可持续发展有贡献；②建设项目自身的可持续发展。	国家标准、地方标准、经验标准	《建筑法》《珠海经济特区政府投资项目管理条例》
	制度执行有效性	相关手续完备性	(1) 相关资料完整； (2) 相关程序合规； (3) 项目前期手续批复或决议文件符合要求； (4) 项目征地拆迁合规； (5) 资金审核合规； (6) 拟定的招投标流程合规。	国家标准、地方标准	《国务院办公厅关于进一步严格征地拆迁管理工作　切实维护群众合法权益的紧急通知》《中华人民共和国招标投标法实施条例》

续表

一级目标	二级目标	三级目标	考核标准	取值标准	来源
满意度目标	用户	项目安全性能达标	（1）检验批质量标准： 合格：①主控项目和一般项目的质量抽样检验全部合格；②具有完整的施工操作依据和质量检查记录。 优良：在合格基础上，检验批所包含的指定项目均达到优良，其中指定项目优良指项目质量经抽样检验，符合相关专业质量评定标准中优良标准的符合率达到 80% 及以上。 （2）分项工程质量标准： 合格：①分项工程所包含的检验批均符合合格质量的规定；②分项工程所含的检验批的质量验收记录应完整。 优良：在合格基础上，有 60% 及以上检验批为优良。 （3）分部工程的质量标准 合格：①分部（子分部）工程所包含分项工程的质量均验收合格；②质量控制资料应完整；③地基与基础、主体结构和设备安装等分部工程有关安全及功能的检验和抽样检测结果应符合有关规定；④观感质量验收应符合要求。 优良：①在合格基础上，有 10% 及以上分项为优良；②观感质量评定优良。 （4）单位工程的质量标准 合格：①单位（子单位）工程所包含分部（子分部）工程的质量均应验收合格；②质量且控制资料应完整；③单位（子单位）工程所含分部工程有关安全和功能的检测资料应完整；④主要功能项目的抽查结果应符合相关专业质量且验收规范的规定；⑤观感质量验收应符合要求。 优良：①在合格基础上，有 60% 及以上的分部为优良，建筑工程必须含主体结构分部和建筑装饰装修分部工程；以建筑设备安装为主的三维工程。指定的分部工程必为优良。②观感质量优良率在 60% 及以上。	企业标准	《建筑工程施工质量评定标准》
		产品或服务价格合理	（1）城市发展建设基础设施项目：①如铁路、公路等票价合理；②发电站、水库等及时供水发电，不污染环境。（2）政权运营类基础设施项目：行政机关的用房、法院、检察院、监狱等能够为公众提供良好服务。（3）公共福利类基础设施项目：①学校为学生提供良好的教学环境；②养老院为老人提供良好的养老环境；③医院为患者提供良好的就医环境；④公共体育设施为公众提供良好的运动场地。（4）配套服务类基础设施项目：①道路设施，道路平整畅通，指示标志齐全，配套设施完整；②景观工程，提供舒适的生活环境；③城市绿化，改善居民生活环境。	历史标准、经验标准、标杆标准	

附表 1　　**三级绩效目标的来源**

一级目标	二级目标	三级目标	文献								项目建议书	设计文件	可行性研究报告	合计
			余清芝①	黄智勇②	陈光等③	陈曦④	陈杰等⑤	宁延等⑥	陈黎明⑦	沈良峰等⑧				
产出目标	数量目标	资金投入	√		√			√	√	√	√	√	√	8
		资源用量		√							√	√	√	4
	质量目标	设计质量	√	√	√		√	√	√	√		√	√	9
		施工质量	√	√	√	√	√	√	√	√	√	√	√	11
		运营质量	√	√	√		√	√	√	√	√	√	√	10
	成本目标	建设成本	√	√	√	√	√			√		√		7
		运营成本	√	√	√		√			√		√		6
		环境成本	√	√	√		√					√	√	6
	时效目标	工程服务寿命			√		√			√		√		4
		建设期			√		√			√		√		4
		投资回收期			√		√			√		√	√	5
		维修或更新改造周期			√		√			√		√		4
	管理效率	工程完工准时性				√			√					2
		工作流程合规性		√										1
		人员出勤率	√			√		√						3
		资源利用率				√			√				√	3
	安全目标	安全生产		√		√	√	√		√	√			6
		人身安全		√				√		√				3
		财产安全		√										1

① 余清芝．铁路工程项目目标体系构建研究［D］．长沙：中南大学，2013.

② 黄智勇．高校大型基建项目目标集成管理研究［D］．长沙：中南大学，2010.

③ 陈光，成虎．建设项目全寿命期目标体系研究［J］．土木工程学报，2004，37（10）：87—91.

④ 陈曦．基于利益相关者满意的 PPP 项目目标体系研究［J］．项目管理技术，2014，12（11）：72—76.

⑤ 陈杰，殷智远，李增欣．大型水利建设项目全寿命周期管理目标体系初探［J］．水利发展研究，2007（6）：21—24.

⑥ 宁延．和谐视角下水利水电工程移民目标体系设计［J］．科技进步与对策，2009，26（21）：22—25.

⑦ 陈黎明．大型工程建设项目多目标集成管理研究［D］．青岛：青岛理工大学，2012.

⑧ 沈良峰，李启明等．现代房地产项目多目标系统研究［J］．华中科技大学学报（城市科学版），2007，24（4）：67—70.

续表

一级目标	二级目标	三级目标	文献								项目建议书	设计文件	可行性研究报告	合计
			余清芝	黄智勇	陈光等	陈曦	陈杰等	宁延	陈黎明等	沈良峰等				
效益目标	社会效益	对地区人民的影响		√	√	√		√			√	√	√	7
		对社会发展的影响			√		√				√	√	√	5
	可持续发展	技术可持续发展		√	√							√		3
		环境可持续发展		√	√	√	√	√		√	√			7
		项目自身可持续发展			√	√	√			√		√		5
	生态效益	环境目标				√	√	√		√	√		√	6
		节能目标				√	√	√		√	√		√	6
	经济效益	企业经济效益		√				√			√		√	4
		国家经济效益		√									√	2
满意度目标	服务对象满意度	用户		√				√			√		√	4
		政府		√									√	2

附表 2　**67 个绩效目标的隶属度分析**

目标名称	隶属度		目标名称	隶属度		目标名称	隶属度	
	R_1	R_2		R_1	R_2		R_1	R_2
资金投入及时率	0.923	0.789	相关手续完备性	0.923	0.737	现金利息备付率	0.904	0.842
资金投入到位率	0.923	0.789	工作流程合规性	0.913	0.592	项目更新效果	0.904	0.566
资源投入及时率	0.933	0.737	火灾隐患部位的防火等级	0.933	0.789	三废排放治理效果	0.923	0.605
资源投入到位率	0.933	0.737	消防资金投入率	0.923	0.840	绿化率	0.933	0.829

续表

目标名称	隶属度		目标名称	隶属度		目标名称	隶属度	
	R_1	R_2		R_1	R_2		R_1	R_2
设计技术标准达标	0.933	0.763	安全设施齐全	0.952	0.684	废气排放达标率	0.933	0.671
材料质量达标率	0.913	0.771	安全生产管理制度完善	0.837	0.671	固定废气污染控制情况	0.913	0.697
设备质量达标率	0.923	0.737	安全资金投入率	0.933	0.829	标煤消耗量	0.913	0.684
工程优良率	0.856	0.829	事故发生率	0.923	0.737	单位面积耗水量	0.923	0.776
工程年维修次数	0.933	0.763	人员伤亡率	0.913	0.737	能耗减少量	0.846	0.658
工程基本使用功能达标	0.933	0.592	安全防护用具到位率	0.933	0.737	建筑总能耗指标	0.933	0.579
材料浪费率	0.827	0.605	资金审查频率	0.808	0.632	投资回收期	0.933	0.776
投资强度	0.904	0.724	财产损失率	0.904	0.763	投资收益率	0.904	0.803
月运营管理费率	0.904	0.763	单位就业投资效果	0.904	0.855	资本金比例	0.923	0.737
年维护费率	0.904	0.724	居民收入增长系数	0.962	0.761	经济内部收益率	0.923	0.789
单位面积破坏环境修复成本	0.817	0.592	拆迁投诉率	0.817	0.539	效益费用比	0.933	0.711
单位面积排污收费率	0.817	0.737	劳动生产率贡献度	0.913	0.826	项目安全性能达标	0.933	0.842
环保资金投入率	0.904	0.818	信息化建设完成率	0.846	0.605	产品或服务价格合理	0.942	0.726
物理服务寿命期	0.913	0.771	劳动生产率	0.904	0.834	使用者好评率	0.933	0.855
经济服务寿命期	0.913	0.771	建筑垃圾处理情况达标	0.808	0.605	工程纠纷发生率	0.817	0.750
施工进度提前率	0.788	0.776	昼夜防噪声处理达标	0.933	0.737	拆迁安置补偿标准达标	0.904	0.592
工程完工准时性	0.913	0.826	管理规模比	0.875	0.697	普通民众好评率	0.904	0.684
资源利用率	0.913	0.526	达产时间	0.865	0.500			
相关资料齐全性	0.923	0.658	资金流量比率	0.933	0.758			

附表 3　　**绩效目标聚类结果**

案例	37 群集	36 群集	35 群集	34 群集	33 群集	32 群集	31 群集	30 群集
资金投入及时率	1	1	1	1	1	1	1	1
资金投入到位率	2	2	2	2	2	2	2	2
资源投入及时率	3	3	3	3	1	1	1	1
资源投入到位率	4	4	4	2	2	2	2	2
设计技术标准达标	5	5	5	4	3	3	3	3
材料质量达标率	6	6	6	5	4	4	4	4
设备质量达标率	7	7	7	6	5	5	5	5
工程年维修次数	8	8	8	7	6	6	6	6
投资强度	9	9	9	8	7	7	7	7
月运营管理费率	10	10	10	9	8	8	8	8
年维护费率	11	11	11	10	9	9	9	9
环保资金投入率	12	12	12	11	10	10	10	10
物理服务寿命期	13	13	13	12	11	11	11	11
经济服务寿命期	14	14	14	13	12	12	12	12
工程完工准时性	15	15	15	14	13	13	13	13
相关手续完备性	16	16	16	15	14	14	14	14
火灾隐患部位的防火等级	17	17	17	16	15	15	15	15
消防资金投入率	18	18	18	17	16	16	16	16
安全资金投入率	19	17	17	16	15	15	15	15
事故发生率	20	19	19	18	17	17	17	15
人员伤亡率	21	20	19	18	17	17	17	15
安全防护用具到位率	22	21	20	19	18	18	18	17
财产损失率	23	22	21	20	19	19	19	18
单位就业投资效率	24	23	22	21	20	20	20	19
居民收入增长系数	25	24	23	22	21	21	21	20
劳动生产率贡献度	26	25	24	23	22	22	22	21
劳动生产率	27	26	25	24	23	23	23	22
昼夜防噪声处理达标	28	27	26	25	24	24	24	23
资金流量比率	29	28	27	26	25	25	25	24
现金利息备付率	29	28	27	26	25	25	25	24
绿化率	30	29	28	27	26	26	26	25
单位面积耗水量	31	30	29	28	27	27	27	26

附表4　**基于灰色关联法的绩效目标优先排序**

序号	绩效目标名称	比较数列 Ci	无量纲化数列	关联系数	关联度
1	资金投入及时率	{0.923, 0.789}	{0.959, 0.923}	{0.654, 0.498}	0.591
2	资金投入到位率	{0.923, 0.789}	{0.959, 0.923}	{0.654, 0.498}	0.591
3	资源投入及时率	{0.933, 0.737}	{0.97, 0.862}	{0.717, 0.357}	0.573
4	资源投入到位率	{0.933, 0.737}	{0.97, 0.862}	{0.717, 0.357}	0.573
5	设计技术标准达标	{0.933, 0.763}	{0.97, 0.893}	{0.717, 0.416}	0.612
6	材料质量达标率	{0.913, 0.771}	{0.949, 0.901}	{0.6, 0.437}	0.535
7	设备质量达标率	{0.923, 0.737}	{0.959, 0.862}	{0.654, 0.357}	0.535
8	工程年维修次数	{0.933, 0.829}	{0.97, 0.97}	{0.717, 0.717}	0.717
9	投资强度	{0.904, 0.763}	{0.94, 0.893}	{0.559, 0.416}	0.502
10	月运营管理费率	{0.904, 0.724}	{0.94, 0.847}	{0.559, 0.333}	0.469
11	年维护费率	{0.904, 0.763}	{0.94, 0.893}	{0.559, 0.416}	0.502
12	环保投资投入率	{0.904, 0.818}	{0.94, 0.957}	{0.559, 0.639}	0.591
13	物理服务寿命期	{0.913, 0.771}	{0.949, 0.901}	{0.6, 0.437}	0.535
14	经济服务寿命期	{0.913, 0.771}	{0.949, 0.901}	{0.6, 0.437}	0.535
15	工程完工准时性	{0.913, 0.826}	{0.949, 0.966}	{0.6, 0.695}	0.638
16	相关手续完备性	{0.923, 0.737}	{0.959, 0.862}	{0.654, 0.357}	0.612
17	消防资金投入率	{0.923, 0.84}	{0.959, 0.982}	{0.654, 0.812}	0.717
18	安全资金投入率	{0.933, 0.829}	{0.97, 0.97}	{0.717, 0.716}	0.717
19	事故发生率	{0.923, 0.737}	{0.959, 0.862}	{0.654, 0.357}	0.535
20	安全防护用具到位率	{0.933, 0.737}	{0.97, 0.862}	{0.717, 0.357}	0.573
21	财产损失率	{0.904, 0.763}	{0.94, 0.893}	{0.559, 0.416}	0.502
22	单位投资就业投资效果	{0.904, 0.855}	{0.94, 1}	{0.559, 1}	0.736
23	居民收入增长系数	{0.962, 0.761}	{1, 0.89}	{1, 0.41}	0.764
24	劳动生产率贡献度	{0.913, 0.826}	{0.949, 0.966}	{0.6, 0.695}	0.638
25	劳动生产率	{0.904, 0.834}	{0.94, 0.975}	{0.559, 0.756}	0.638
26	昼夜防噪声处理达标	{0.933, 0.737}	{0.97, 0.862}	{0.717, 0.357}	0.573
27	资金流量比率	{0.933, 0.758}	{0.97, 0.886}	{0.717, 0.402}	0.591
28	绿化率	{0.933, 0.829}	{0.97, 0.97}	{0.717, 0.716}	0.717
29	单位面积耗水量	{0.923, 0.776}	{0.959, 0.908}	{0.654, 0.453}	0.573
30	投资回收期	{0.933, 0.776}	{0.97, 0.908}	{0.717, 0.453}	0.612
31	资本金比例	{0.923, 0.737}	{0.959, 0.862}	{0.654, 0.357}	0.535
32	经济内部收益率	{0.923, 0.789}	{0.959, 0.923}	{0.654, 0.497}	0.591
33	项目安全性能达标	{0.933, 0.842}	{0.97, 0.985}	{0.717, 0.834}	0.764
34	产品或服务价格合理	{0.942, 0.826}	{0.979, 0.966}	{0.786, 0.695}	0.717
35	使用者好评率	{0.933, 0.855}	{0.97, 1}	{0.717, 1}	0.83

附表 5　**权重计算**

排序	绩效目标名称	重要程度之比 r_i	权重 ω（%）
1	使用者好评率		8
2	项目安全性能达标	1.2	7
3	居民收入增长系数	1.2	6
4	单位就业投资效果	1	6
5	安全资金投入率	1.2	5
6	绿化率	1	5
7	产品或服务价格合理	1	5
8	工程年维修次数	1	5
9	消防资金投入率	1	5
10	工程完工准时性	1.4	3
11	劳动生产率贡献度	1	3
12	劳动生产率	1	3
13	投资回收期	1.2	3
14	设计技术标准达标	1	3
15	相关手续完备性	1	3
16	资金投入及时率	1.2	2
17	资金投入到位率	1	2
18	资金流量比率	1	2
19	环保资金投入率	1	2
20	经济内部收益率	1	2
21	安全防护用具到位率	1.2	2
22	昼夜防噪声处理达标	1	2
23	单位面积耗水量	1	2
24	资源投入及时率	1	2
25	资源投入到位率	1	2
26	材料质量达标率	1.4	1
27	设备质量达标率	1	1
28	事故发生率	1	1
29	资本金比例	1	1
30	物理服务寿命期	1	1
31	经济服务寿命期	1	1
32	财产损失率	1.2	1
33	投资强度	1	1
34	年维护费率	1	1
35	月运营管理费率	1.2	1

附录　政府投资基本建设项目绩效目标调查问卷

尊敬的受访者：

您好！

非常感谢您在百忙之中对本次问卷调查的支持和配合！

本问卷《政府投资基本建设项目绩效目标体系》是以“建立并完善政府投资基本建设项目绩效评价指标体系——服务财政预算管理”以及“政府投资基本建设项目绩效评价指标体系优化及评价标准和方法研究”为基础，旨在为政府投资基本建设项目理想决策时制定合理有效的绩效目标体系提供指导依据。目前政府投资基本建设项目已经建立了较为完善的绩效精准评价指标体系和绩效概略评价指标体系，制定了详细的评价标准和评价方法，且两种体系确定基本解决绩效评价缺乏依据和标准的问题。但是考虑到绩效评价的本质是将项目的建设成果与建设目标相比较后进行目标实现程度的判断，而已构建的政府投资基本建设项目绩效评价指标体系只能对已建成的项目进行优良合格的评价，其绩效评价指标体系中的指标仅能用于促进政府投资基本建设项目事后绩效水平提高，而无法说明项目建成结果与前期决策阶段期望结果的匹配程度，该绩效评价指标体系的建立只能对政府投资基本建设项目起到事后控制的作用，并不能很好体现绩效评价的本质要求。因此，为完善政府投资基本建设项目绩效评价工作，提高财政资金支出使用效率，逐步实现对财政资金从目前注重资金投入的管理转向注重对支出效果的管理，需构建科学合理的绩效目标体系。

本调查旨在获取政府投资基本建设项目绩效目标的真实数据信息，支撑本书对绩效目标集进行筛选的工作，以最终获取政府投资基本建设项目绩效目标集。您的答案对本书十分重要，请依照真实情况及您的工作经验认真作答。我们在此承诺，对您填写的一切内容将严格保密。收回的问卷将按严格的程序进行统计处理，不会涉及具体的单位或个人。

再次对您的支持表示真诚的感谢！

答卷人背景信息
1. 您的职称： □无职称 □初级专业职称 □中级专业职称 □高级专业职称 □教授级高级职称
2. 您所处的单位： □建设主管部门 □业主 □项目法人 □设计单位 □施工单位 □居民 □其他政府人员
3. 您参与政府投资基本建设项目绩效目标研究/实践工作的时间（即研究时间与实践工作时间连续相加之和） □≤3 年 □4—10 年 □11—15 年 □16—20 年 □>20 年
4. 您参与过项目的哪类目标制定（可多项选择）： □产出目标 □效益目标 □满意度目标
5. 您参与政府投资基本建设项目的建设期限（以竣工时的时间统计为准）： □不超过 0.5 年 □0.5 年（含）至 1 年 □1 年（含）至 2 年 □超过 2 年

问卷说明

政府投资基本建设项目绩效目标按政府投资基本建设项目的各阶段（产出、效益、满意度）分别提取，以下按各阶段列出政府投资基本建设项目各级详细绩效目标（目标为课题组通过相关研究获得）。请您对各阶段各级绩效目标的重要性及目标的描述性两方面进行选择，并在选项所对应的方框中打√，其中绩效目标的重要性是指您认为问卷中所给出的绩效目标的重要程度，分为极其重要、非常重要、重要、一般、不重要五个层次；目标的可描述性分为可描述和不可描述两个方面，主要是指问卷中所给出的绩效目标在项目决策阶段是否可进行定量计算或定性分析，即定量目标在项目决策阶段可以预测准确数值，定性目标在项目决策阶段可以进行“是”“否”判断。如果您认为还有其他目标本问卷没有涉及，请在相应空白处填写目标名称、目标说明、目标重要性选择、目标可描述性选择等。

一 产出目标

目标名称			目标说明	目标重要性					目标可描述性		备注
				极其重要	非常重要	重要	一般	不重要	可描述	不可描述	
数量目标	资金投入	连续现金流	累计盈余资金 >0								
		资金投入及时率	及时到位财政资金/应到位财政资金 ×100%								
		资金投入到位率	财政资金实际到位总额/财政资金计划投入总额 ×100%								
	资源投入	资源投入及时率	及时到位资源/应到位资源 ×100%								
		资源投入到位率	资源实际到位数量/计划投入资源数量 ×100%								

续表

<table>
<tr><th colspan="3" rowspan="2">目标名称</th><th rowspan="2">目标说明</th><th colspan="5">目标重要性</th><th colspan="2">目标可描述性</th><th rowspan="2">备注</th></tr>
<tr><th>极其重要</th><th>非常重要</th><th>重要</th><th>一般</th><th>不重要</th><th>可描述</th><th>不可描述</th></tr>
<tr><td rowspan="7">质量目标</td><td>设计质量</td><td>设计技术标准达标</td><td>是否符合设计技术质量标准的要求</td><td></td><td></td><td></td><td></td><td></td><td></td><td></td><td></td></tr>
<tr><td rowspan="3">工程施工质量</td><td>材料质量达标率</td><td>（质量达标材料数/实际材料数）×100%</td><td></td><td></td><td></td><td></td><td></td><td></td><td></td><td></td></tr>
<tr><td>设备质量达标率</td><td>（质量达标设备数/实际设备数）×100%</td><td></td><td></td><td></td><td></td><td></td><td></td><td></td><td></td></tr>
<tr><td>工程优良率</td><td>优良单位工程数量/验收单位工程数量×100%</td><td></td><td></td><td></td><td></td><td></td><td></td><td></td><td></td></tr>
<tr><td rowspan="2">运营质量</td><td>工程年维修次数</td><td>工程维修次数/工程使用年限</td><td></td><td></td><td></td><td></td><td></td><td></td><td></td><td></td></tr>
<tr><td>工程基本使用功能达标</td><td>工程是否已经达到基本使用功能</td><td></td><td></td><td></td><td></td><td></td><td></td><td></td><td></td></tr>
<tr><td rowspan="8">成本目标</td><td rowspan="3">建设成本</td><td>材料浪费率</td><td>浪费材料的成本/材料总成本×100%</td><td></td><td></td><td></td><td></td><td></td><td></td><td></td><td></td></tr>
<tr><td>投资强度</td><td>项目固定资产总投资/项目总用地面积</td><td></td><td></td><td></td><td></td><td></td><td></td><td></td><td></td></tr>
<tr><td>固定资产转化率</td><td>固定资产价值总额/审定总投资额×100%</td><td></td><td></td><td></td><td></td><td></td><td></td><td></td><td></td></tr>
<tr><td rowspan="2">运营成本</td><td>年运营管理费率</td><td>年运营管理费用/运营期总费用×100%</td><td></td><td></td><td></td><td></td><td></td><td></td><td></td><td></td></tr>
<tr><td>年维护费率</td><td>年维修费用/运营期总费用×100%</td><td></td><td></td><td></td><td></td><td></td><td></td><td></td><td></td></tr>
<tr><td rowspan="3">环境成本</td><td>单位面积破坏环境修复成本</td><td>环境修复成本/项目总面积×100%</td><td></td><td></td><td></td><td></td><td></td><td></td><td></td><td></td></tr>
<tr><td>单位面积排污收费率</td><td>项目排放污染物收取费用/项目总面积×100%</td><td></td><td></td><td></td><td></td><td></td><td></td><td></td><td></td></tr>
<tr><td>环保资金投入率</td><td>环保投资/项目总投资</td><td></td><td></td><td></td><td></td><td></td><td></td><td></td><td></td></tr>
<tr><td rowspan="3">时效目标</td><td rowspan="2">工程服务寿命</td><td>物理服务寿命期</td><td>工程是否在设计寿命内完成既定服务</td><td></td><td></td><td></td><td></td><td></td><td></td><td></td><td></td></tr>
<tr><td>经济服务寿命期</td><td>维修价值/重建价值<1</td><td></td><td></td><td></td><td></td><td></td><td></td><td></td><td></td></tr>
<tr><td>施工进度</td><td>施工进度提前率</td><td>（定额工期－合同工期）/定额工期</td><td></td><td></td><td></td><td></td><td></td><td></td><td></td><td></td></tr>
</table>

续表

<table>
<tr><td colspan="3" rowspan="2">目标名称</td><td rowspan="2">目标说明</td><td colspan="5">目标重要性</td><td colspan="2">目标可描述性</td><td rowspan="2">备注</td></tr>
<tr><td>极其重要</td><td>非常重要</td><td>重要</td><td>一般</td><td>不重要</td><td>可描述</td><td>不可描述</td></tr>
<tr><td rowspan="6">管理效率</td><td>工程完工准时性</td><td>工程完工准时性</td><td>实际完工时间/应完工时间×100%</td><td></td><td></td><td></td><td></td><td></td><td></td><td></td><td></td></tr>
<tr><td>资源利用率</td><td>资源利用率</td><td>资源使用量/资源总数量×100%</td><td></td><td></td><td></td><td></td><td></td><td></td><td></td><td></td></tr>
<tr><td>人员出勤率</td><td>人员出勤率</td><td>出勤员工数量/应出勤员工数量×100%</td><td></td><td></td><td></td><td></td><td></td><td></td><td></td><td></td></tr>
<tr><td rowspan="3">制度执行有效性</td><td>相关资料齐全性</td><td>项目合同书、检验报告、技术鉴定等资料是否齐全并及时归档</td><td></td><td></td><td></td><td></td><td></td><td></td><td></td><td></td></tr>
<tr><td>相关手续完备性</td><td>项目调整及支出调整手续是否完备</td><td></td><td></td><td></td><td></td><td></td><td></td><td></td><td></td></tr>
<tr><td>工作流程合规性</td><td>工作流程是否符合国家有关规定</td><td></td><td></td><td></td><td></td><td></td><td></td><td></td><td></td></tr>
<tr><td rowspan="10">安全目标</td><td>消防安全目标</td><td>火灾隐患部位的防火等级</td><td>符合《建筑设计防火规范》要求</td><td></td><td></td><td></td><td></td><td></td><td></td><td></td><td></td></tr>
<tr><td rowspan="5">安全生产</td><td>消防资金投入率</td><td>消防投入资金/建安费×100%</td><td></td><td></td><td></td><td></td><td></td><td></td><td></td><td></td></tr>
<tr><td>安全设施齐全</td><td>安全设备是否齐全</td><td></td><td></td><td></td><td></td><td></td><td></td><td></td><td></td></tr>
<tr><td>安全生产管理制度完善</td><td>安全教育制度、安全作业证制度、安全检查制度等均完善</td><td></td><td></td><td></td><td></td><td></td><td></td><td></td><td></td></tr>
<tr><td>安全资金投入率</td><td>安全文明施工费/建安费×100%</td><td></td><td></td><td></td><td></td><td></td><td></td><td></td><td></td></tr>
<tr><td>事故发生率</td><td>事故发生数量/全部事故发生数量×100%</td><td></td><td></td><td></td><td></td><td></td><td></td><td></td><td></td></tr>
<tr><td rowspan="2">人身安全</td><td>人员伤亡率</td><td>伤亡人员数量/职工总人数×100%</td><td></td><td></td><td></td><td></td><td></td><td></td><td></td><td></td></tr>
<tr><td>安全防护用具到位率</td><td>已到位安全防护用具数量/应到位安全防护用具数量×100%</td><td></td><td></td><td></td><td></td><td></td><td></td><td></td><td></td></tr>
<tr><td rowspan="2">财产安全</td><td>资金审查频率</td><td>定期进行必要的资金审查</td><td></td><td></td><td></td><td></td><td></td><td></td><td></td><td></td></tr>
<tr><td>财产损失率</td><td>损失财产金额/总金额×100%</td><td></td><td></td><td></td><td></td><td></td><td></td><td></td><td></td></tr>
</table>

续表

目标名称			目标说明	目标重要性					目标可描述性		备注
				极其重要	非常重要	重要	一般	不重要	可描述	不可描述	
您认为本阶段还有未涉及的目标，请在下方补充											

二　效益目标

目标名称			目标说明	目标重要性					目标可描述性		备注
				极其重要	非常重要	重要	一般	不重要	可描述	不可描述	
社会效益	对地区人民发展影响	单位就业投资效果	新增总就业人数/项目总投资								
		居民收入增长系数	项目当地居民收入增加额/居民项目建设前的收入总额								
		拆迁投诉率	拆迁投诉案件数量/总投诉案件数量								
	对社会发展影响	劳动生产率贡献度	［（有公共项目时的劳动生产率－无公共项目时的劳动生产率）/有公共项目时的劳动生产率］×100%								
可持续发展	技术可持续发展	高职员工比例	高职称员工人数/项目总人数×100%								
		信息化建设完成率	采用信息化技术完成工作数量/总工作数量×100%								
		劳动生产率	建设项目总价值/全部施工人员平均值×100%								
	环境可持续发展	建筑垃圾处理情况达标	建筑垃圾处理是否符合国家标准								
	环境可持续发展	昼夜防噪声处理达标	噪声排放标准限值								

续表

目标名称			目标说明	目标重要性					目标可描述性		备注
				极其重要	非常重要	重要	一般	不重要	可描述	不可描述	
可持续发展	项目自身可持续发展	管理规模比	管理人员数量比项目总规模								
		达产时间	达到设计能力100%所需时间								
		资金流量比率	经营活动产生的现金净流量/期末流动负债								
		现金利息备付率	税息前利润/当期应付利息×100%								
		项目更新效果	预计更新后使用成本/更新前使用成本								
环境效益	环境目标	三废排放治理效果	预计治理后三废排放量/治理前三废排放量								
		绿化率	绿化植物垂直投影面积/项目建设用地总面积×100%								
		废气排放达标率	废气排放达标量/废气总排放量×100%								
		固定废气污染控制	固体废物量/总废物量×100%								
	节能目标	标煤消耗量	总能源消耗量/建筑面积×折算系数								
		单位面积耗水量	总消耗水量/建筑面积								
		能耗减少量	(未采用节能措施单方平米能耗量－采用节能措施单方平米能耗量)/未采用节能措施单方平米能耗量×100%								
		建筑总能耗指标	建筑节能能耗是否符合国家标准								
经济效益	企业经济效益	投资回收期	动态投资回收期＝(累计净现金流量现值出现正值的年数－1)＋上一年累计净现金流量现值的绝对值/出现正值年份净现金流量的现值; 静态投资回收期＝(累计净现金流量出现正值的年数－1)＋上一年累计净现金流量的绝对值/出现正值年份净现金流量								

续表

目标名称			目标说明	目标重要性					目标可描述性		备注
				极其重要	非常重要	重要	一般	不重要	可描述	不可描述	
经济效益	企业经济效益	投资收益率	投资收益/投资成本×100%								
		资本金比例	自有资金/项目总投资								
	国家经济效益	经济内部收益率	项目计算期内经济净现值累计等于零的折现率								
		效益费用比	项目收入/项目支出								
您认为本阶段还有未涉及的目标，请在下方补充											

三　满意度目标

目标名称			目标说明	目标重要性					目标可描述性		备注
				极其重要	非常重要	重要	一般	不重要	可描述	不可描述	
服务对象满意度	用户	项目安全性能达标	项目的安全性能是否符合相关规定								
		产品或服务价格合理	产品或服务价格是否在合理范围内								
	政府	使用者好评率	好评总人数/使用者总人数×100%								
		地方形象提高									
其他相关者认可度	承包商	工程利润额	工程收入－工程支出>0								
		工程纠纷发生率	工程纠纷发生次数/建设周期×100%								
	项目周边组织	拆迁安置补偿标准达标	拆迁安置补偿是否符合国家有关规定								
		普通民众好评率	好评总人数/普通民众总人数×100%								
您认为本阶段还有未涉及的目标，请在下方补充											

后　记

为充分发挥有限财政资金的效益，有效控制财政支出，我国正在建立并完善公共财政支出框架体系，但是现有的绩效评价指标体系虽然基本解决了绩效评价缺乏依据和标准的问题，却依然缺乏可参照的绩效目标，导致该绩效评价指标体系仅能用于衡量项目建设成果，而无法判断项目目标实现程度。由于政府投资基本建设项目绩效评价工作在我国开展时间比较短，暂未形成系统完整成熟的绩效评价系统，所以在实际工作中仍然存在着以下三种问题：

（1）政府投资基本建设项目绩效评价功能尚不完善，其评价结果未能说明项目建成结果与前期决策阶段期望结果的匹配程度，并不能很好体现绩效评价的本质要求。

（2）政府投资基本建设项目绩效目标的制定方法尚不合理，我国各级财政部门对于政府投资基本建设项目绩效目标的设置随意性较强，缺乏有效指导方法，导致后期绩效评价工作效率降低。

（3）政府投资基本建设项目绩效目标的衡量内容尚不全面，目前地方政府在设置政府投资基本建设项目绩效评价指标体系时，偏重于设置财政收入、经济增长等经济类目标，而忽视社会效益、生态环境等方面目标设置。

因此，为完善政府投资基本建设项目绩效评价工作，需考虑政府投资基本建设项目的特殊性，并以现有的政府投资基本建设项目绩效评价指标体系为基础，构建政府投资基本建设项目绩效目标体系，实现绩效评价工作由单一的事后控制向事前、事后双控制的转移，从而提高财政资金支出使用效率。

本书是在《中央部门预算绩效目标管理办法》（财预〔2015〕88 号）的基础上，进行开发的绩效目标体系，在全书的结构框架上，以绩效目标贯穿全书，从绩效目标体系的建立到标准值到绩效目标考核标准值的确定，讲清绩效目标体系的整个过程，并通过引例的形式引导读者对知识的把握，力求新颖、精练、实际，因此具有较强的实用性和可操作性。

本书由天津理工大学柯洪教授策划和组织，可以作为行业领域内专业人士的工具书或参考用书，编写人员如下：袁倩倩执笔第一、第二章，王美华执笔第三章，侯晓莉执笔第四章，布文秀执笔第五章。

本书从筹划、汇编到成册历时近半年。在各方的大力支持下，精选案例，由编者精心撰写，并经数次修改完善，最终定稿。对各方的大力支持以及执笔人员付出的辛勤劳动，在此一并表示感谢。

由于水平有限，书中错误和不当之处在所难免，望读者提出宝贵意见。

编者

2017 年 5 月